解码微表情

微表情

刘瑞军 —— 编著

中国纺织出版社

内 容 提 要

生活中你是否因为不了解他人的真实想法，在很多时候弄巧成拙？生意谈判中，你是否因为不了解对手的心理，而使谈判陷入僵局？面对纷纷扰扰的人际关系，你是否经常感到苦闷和困惑而束手无策？你是否经常被别人牵着鼻子走而浑然不觉？你是否经常陷入被动的境地……要改变这一切，你只需要读懂微表情，从而在社交中成就主动。

微表情，是指人在无意识中通过自己脸部或动作的变化来将自己内心的真实感受传达出来的信息，最短可持续 1/25 秒，这种表情不经过大脑，没有任何修饰，比起人们有意识做出的表情，"微表情"更能体现人们真实的感受和动机。通过"微表情密码"知道对方想什么、要什么，你就能分辨真假，不会把敷衍的谎言当作真诚，也不会误解他人的本意而坐失良机；你知道如何更好地把握他人的心理，更好地了解他人，从而让自己聪明地社交，幸福地收获。

图书在版编目（CIP）数据

解码微表情 / 刘瑞军编著 . —北京：中国纺织出
版社，2013.7（2024.3 重印）
 ISBN 978 - 7 - 5064 - 9574 - 5

 Ⅰ．①解… Ⅱ．①刘… Ⅲ．①心理交往—通俗读物
Ⅳ．①C912.1 - 49

中国版本图书馆 CIP 数据核字（2013）第 017309 号

策划编辑：库　科　　责任编辑：胡　蓉
特约编辑：李　俊　　责任印制：储志伟

中国纺织出版社出版发行
地址：北京市朝阳区百子湾东里 A407 号楼　邮政编码：100124
销售电话：010 - 67004422　传真：010 - 87155801
http://www.c-textilep.com
E-mail：faxing@ c-textilep.com
中国纺织出版社天猫旗舰店
官方微博 http://weibo.com/2119887771
三河市宏顺兴印刷有限公司印刷　各地新华书店经销
2013 年 7 月第 1 版　2024 年 3 月第 2 次印刷
开本：710×1000　1/16　印张：17
字数：197 千字　定价：68.00 元

前 言

生活中你是否因为不了解他人的真实想法，在很多时候弄巧成拙？

生意谈判中，你是否因为不了解对手的心理，而使谈判陷入僵局？

面对纷纷扰扰的人际关系，你是否经常感到苦闷和困惑而束手无策？

你是否经常被别人牵着鼻子走而浑然不觉？

你是否经常陷入被动的境地？

……

你思考过你为什么会这样吗？最主要的原因就是你不懂别人的心理，从而不能采取有效的措施和方法来应对这一切。其实人与人之间就是一场博弈，博弈的结果就是谁征服谁？谁说服谁？谁影响谁？谁赢谁输？……而要做到这些，就需要你掌握人的心理博弈技巧，人的一举一动都在泄露天机，一个眼神，一个不经意的微笑，一个细微的小动作，都能透露内心的秘密，都是人与人之间心理博弈的外在表现，也就是常说的"微表情"。

如果你是一个解码"微表情"的高手——

那么，你就会通过"微表情"知道对方想什么，要什么；你就能分辨真假，不会把敷衍的谎言当做真诚，也不会误解他人的本意而错失良机；你知道对方喜欢听什么话，哪些话能说，哪些话不能说，从而建立良好的社交关系；你知道如何更好地把握他人的心理，从而让自己聪明地社交，幸福地收获。

所谓的微表情就是人在接受到来自外界的刺激后，所产生的一种应激反应。这种更注重表情的反应之所以能成为我们研究的对象，其根本原因在于，这种表情不经过大脑，没有任何修饰，不以人的主观意识而转移，不能伪装，不能作假。它是人在遇到应急刺激后所做出的"第一表情"，也可以看做瞬间表情。这种表情才是人内心最真实的声音，表达的或是高兴，或是伤心。之后的表情可能是真的，也可能是假的，但后面"装出来"的表情一定是在微表情之后，所以观察对方的内心，读懂微表情是关键！

本书正是基于帮助你读懂微表情、从而读懂人内心的角度来写的。

要读懂微表情，就要对微表情进行解码，每一种微表情都对应着一种密码，这种密码就是我们认识、破译他人心理活动的工具，比如，谈话时人的眼睫毛上翘，表明什么心理活动？连续两次眨眼对应的心理密码是什么？如何通过面部的表情来解码他人的性格优劣？……

如果你希望自己更强大，如果你希望自己更成功，如果你希望自己在人生的舞台上更加游刃有余，那么，你就需要掌握"微表情解码术"，它是开启人心灵的神秘武器。拥有它，你就知道了如何运筹帷幄，拥有它，你就懂得如何驾驭人心，如何进行心理博弈。

心理博弈是一个步步惊心、环环相扣的过程。你只有知道对方想什么，你才能采取相应的策略，只有这样才能弹无虚发，矢矢中的。

在人际交往中，掌握了微表情的解码秘诀，就等于你掌握了开启他人内心的钥匙。

在生意场上，掌握了微表情的解码秘诀，就等于你掌握了打动人心、让生意成交的秘密武器。

在职场关系中，掌握了微表情的解码秘诀，就等于你掌握了玩转职场的成功之道。

在家庭关系中，掌握了微表情的解码秘诀，就等于你获得了和谐沟通的秘诀。

……

人生就是一场博弈，生活就是一场较量。只有掌握人生的主动权，你才会成就自己，生活才更幸福，人生才更成功。让本书帮助你成为人生路上的赢家吧！

编著者

2013年3月

什么是微表情?

微表情,是心理学名词。它讲的是人们会在无意识中通过自己脸部或动作的变化来将自己内心的真实感受传达出来,这是本能的反应,不同的表情传达不同的信息。最短可持续1/25秒,这种表情不经过大脑,没有任何修饰,不以人的主观意识而转移,是人在遇到应急刺激后所做出的"第一表情",也可以看作瞬间表情。"微表情"一闪而过,通常甚至清醒的做表情的人和观察者都察觉不到。在实验里,只有10%的人察觉到。比起人们有意识做出的表情,"微表情"更能体现人们真实的感受和动机。

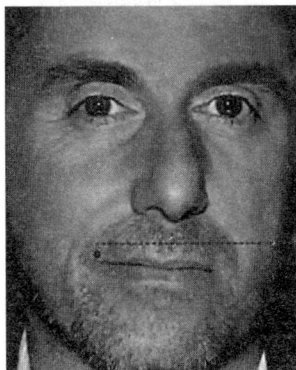

轻蔑
只有脸一侧的嘴
角紧闭、上扬

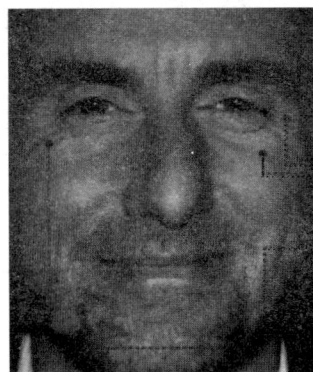

快乐,高兴
真心的笑容包括
会有类似鹰爪皱纹
脸颊上扬鼓起
扯动眼窝周围的肌肉

表情可以作假,微表情可以作假吗?

表情其实可以作假的。因为我们在日常生活中已经习得了很多关于生活的常规经验,什么时候该高兴,什么时候该为别人叫好。尽管你一点儿都不认为好,其实糟糕透了,还是要叫好,认为非常不错。这些都是能作假的。

不管你有怎样的社会阅历,有多么老道的人际经验,微表情的出卖都是难以避免的,谁也逃不掉。因为微表情特殊的关键就是在一个"微"字,微小、微妙得让人本身都难以察觉,尤其是对一些久已成习的本能性表情反应较多的人来说,更难以察觉自己在不知不觉中、瞬间表现出来的真实自己。

举个简单的例子,日常生活中,我们可能总是会碰到一些让人吃惊的事情。也就是很惊讶。这个惊讶也是有表情的,如果你真的很惊讶,肯定会在脸上表现出来。而且真正的惊讶表情就是一瞬间的事情,如果这个表情持续的时间超过了一秒钟,你就可以肯定地判断,这个人的惊讶是装出来的,不是他真的很吃惊,而是为了给别人一个印象:我很吃惊,像你们一样!

所以,无论你多能"装",多能掩饰,这个都是我们无法回避的。微表情是我们人类在繁衍的过程中所遗留下来的一个无法改变的事实。这也正是微表情能够成为"密码"之所在,它是有规律的。

微表情只是局限在脸上吗？

我们讲的微表情，并不止于脸上的表情。人的心理会从各个方面反映出来。当然更多的更大一些的动作，我们需要将它归类到微反应里面去，而不是在微表情里做过多的探讨。但是这并不是说微表情就是脸上的面部肌肉的一些动作而已。语言是反映我们内心活动的最直接的方式，但是语言的欺骗性也是最高的，一个高超的骗子，能将死的东西说成活的，这一点儿都不稀奇。就像是你在面对一个保险业务员的时候，如果你能给他多一点儿时间，我相信你很可能会被他的花言巧语蒙蔽。但是从语言中，我们还是能查探出他到底是在讲真话还是瞎掰！

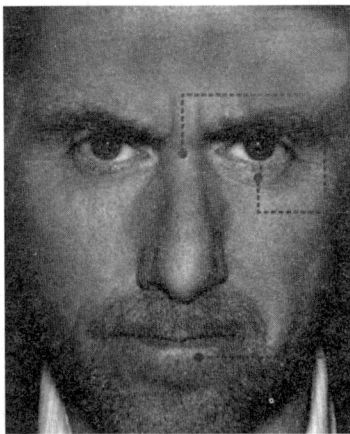

生气
······眉头紧蹙、下沉
······瞪眼
······双唇紧闭

微表情，你可以将它看作是一种一闪而过的面部表情动作，一个瞬间即逝的小动作，一个不经意间流露出来的语言符号，这些都会在有心人面前暴露对方的内心世界。

微表情是如何破译和解码的？

要读懂微表情，就要对微表情进行解码，每一种微表情都对应着一种心理密码，这个密码就是我们认识、破译他人心理活动的工具。

比如，谈话时人的眼睫毛上翘，表明什么心理活动？

连续两次眨眼对应的心理密码是什么？

如何通过面部的表情来解码他人的性格优劣？……

人际博弈过程中解码微表情对我们有什么好处？

破译微表情，就意味着你知道别人的心理，你说，这对你有用吗？

生活中你是否因为不了解他的真实想法，在很多时候弄巧成拙？生意谈判中，你是否因为不了解对手的心理，而使谈判陷入僵局？面对纷纷扰扰的人际关系，你是否经常感到苦闷和困惑而束手无策？你是否经常被别人牵着鼻子走而浑然不觉？你是否经常陷入被动的境地？……

心理博弈是一个步步惊心、环环相扣的过程。你只有知道对方想什么，你才能采取相应的策略，只有这样才能弹无虚发，矢矢中的。假如，你通过"微表情密码"知道对方想什么，要什么；你就能分辨真假，不会把敷衍的谎言当做真诚，也不会误解他人的本意而坐失良机；你知道对方喜欢听什么话，哪些话能说，哪些话不能说，从而建立良好的社交关系；你知道如何更好地把握他人的心理，更好地掌控他人，而让自己聪明地社交，幸福地收获。

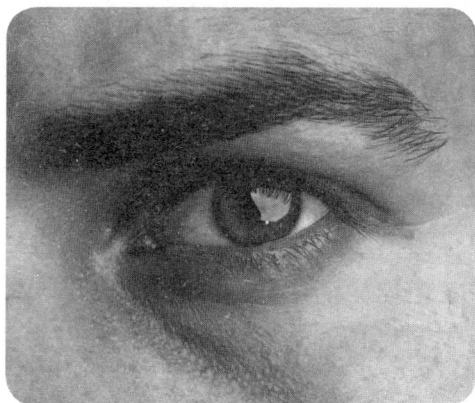

解码微表情背后的心理，读懂他人纷繁复杂的内心世界……

CONTENTS

目录

第一章
"相"由心生，"情"露心意
——微表情是解读内心世界的钥匙

一个人的脸面就是内心世界的写照。不同的面部轮廓代表了不同的性格特征。可以说，一张张鲜活的"脸谱"背后就是一个个不同的人生特质的直观展示，更是我们解读内心世界的一把钥匙。

1

第二章

"微语"观人，言露心迹
——只要一张口，便知有没有

人的言辞是传递心声最简便而又最直接的一种方式，同时，不同的心理反应往往会通过不同的言辞与神情表现出来。一个人的语言与微表情是密切相关的，并且一个人的微语言，更是其内心世界的真实写照。

第三章

表情人人有，内涵各不同
——神态表情包裹下的真实内心

人是感情动物，每个人都会有不同的情绪，情绪是没有办法伪装的，这些情绪反映在脸上，就是我们见到的表情，通过对每种表情的解读，就能直接而真实地洞察对方的一举一动。

第四章

身体语言"出卖"了他
——利用身体暗示看穿他人内心和性格

身体语言是微表情的重要体现。语言中可能会带有各种各样的虚假，但是你的身体姿态随时都有可能将你出卖。

第五章

情绪调节与自我掌控
——微表情与九型人格密码解读

微表情所要解决的问题就是要知人和自知，而这与九型人格有着异曲同工之妙。将微表情与九型人格相结合，我们将会从中得到更多的信息。

第六章

用"微表情"说出你的优势
——表情比语言更有说服力

不要小看一个小小的表情，有时它能够让你"化险为夷"，事半功倍；更能够和你犀利、严谨的语言相媲美。

第七章

微表情背后的秘密
——喜怒忧思悲恐惊，七情隐藏的身体秘密

喜怒哀乐每种情绪都是人类正常心理反应，这些情绪折射到人的脸上，通过微表情表现出来，各不相同。

第一章
"相"由心生，"情"露心意
——微表情是解读内心世界的钥匙

一个人的脸面就是内心世界的写照。不同的面部轮廓代表了不同的性格特征。可以说，一张张鲜活的"脸谱"背后就是一个个不同的人生特质的直观展示，更是我们解读内心世界的一把钥匙。

面部解码示例

　　每一双眼睛反映着一个人内心的情感与思想。观察一个人的善恶，再没有比观察他的眼睛更好了。因为眼睛不能掩盖一个人的丑恶。一个人的心邪与心正是隐藏不住的。因为说话也许可以欺骗，但是眼睛不能，它会出卖口中的谎言。通过眼部表情窥测他人，就是通过观察人的眼神来认识人内心的秘密。

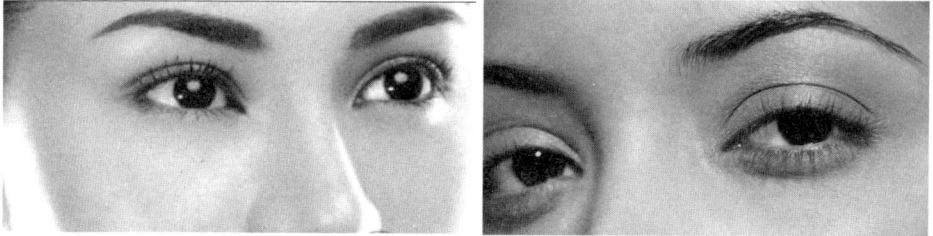

心理解码：心若正，注意力便集中，眼睛也就明亮；心若不正，注意力则分散，眼睛就昏暗。

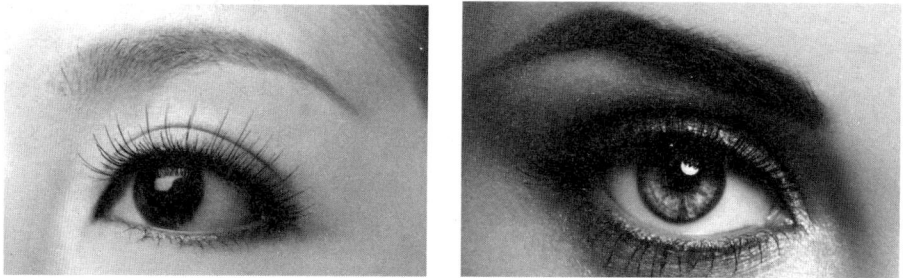

心理解码：从眼睛中，我们可以看出对方的性格（温和、冷漠、狂躁等）、品性、情感、心性、德行等。

通过眼睛的微表情，我们可以解读出许多有趣而生动的内容。

1. 眼神偏离意味着什么

如果你和一个人在谈话，但是他的眼神一直不在你身上，说明这个人对你说话的内容可能一点儿都不感兴趣，或者是对你没有什么好感。

2. 眼睛盯着你和瞪着你说明什么

如果你在和对方谈话时，他一直盯着你看，瞪着你，而且还时不时地说一些比较消极的话，比如说"唉，没有什么办法了，就这样了"等，这说明他很可能之前说谎了，现在是故作镇定。

3. 眼神灰暗的表情信号

如果对方的眼神比较灰暗，那么传达出来的就是消极的信号，比如你们的合作他很不看好，如果眼神积极、明亮，那就是积极的信号了，他对彼此的合作是很有信心的，也很愿意和你合作。

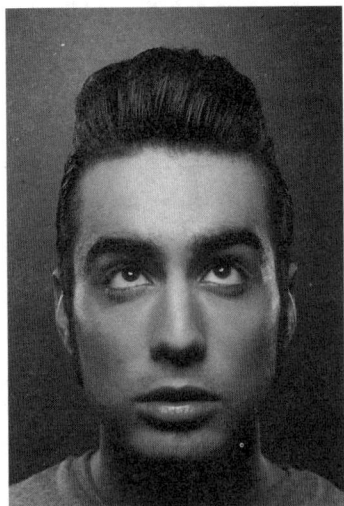

头部是人类行为的指挥官，起到中枢的作用。观察一个人的微表情，首先就是对头部表情和动作的解读，弄懂这些问题之后，就能对一个人的微表情有一个大致的判断和认知。不同的头形，对应的性格、气质等也不相同。

心理解码：

（1）头形较圆。圆形头如果加上圆态的体形，这类体形和头形的人，一般比较灵活，为人八面玲珑，左右逢源，可以在比较复杂的环境中游刃有余。而且这类人的心态比较好，很乐观，有时候你可能会发现他们在多数情况下扮演的是"和事老"的角色，这就和他的性格有关系了。

（2）头形就像是一个倒三角。这类人不是很常见。这类人典型的特征是聪明，腹中多智谋，一般称作是艺术型、智慧型，或者是理想型的头部特征。擅长的工作就是思考，所以他们的户外活动很少，一般都是深居简出，如果让他做一个军师或者是在智囊团工作那再合适不过了。

（3）长方形的头部。这种头形的人往往显得脸长。他们比较喜好交际，而且可以做得很好；他们富有智慧，懂礼貌，态度温和，待人友善，机警。

（4）方形头部。这种头形的女性很少见，一般以男性居多。他们不怎么喜欢空头的理论，比较讲求实际，做事也有建设性。

（5）平直类头形。这类人头脸的正面成一条直线，额头、鼻子、下巴都比较平直。他们的性格就比较中庸、调和，相对来讲，中性一点儿，不是很极端，各种表现都比较平和，不过经常会犯犹豫不决的毛病，缺乏决断力。

（6）凹进形与凸出形的头形。凹进形的特征是头面和侧面看上去不在一条直线上，明显地凹进去了。额头的上半部分比较凸出，鼻子比较低，嘴唇很短。凸出形的人额头的上半部分往后走，有仰过去的感觉，鼻梁比较高，嘴唇比较突出，下巴很短。这两类人在面相上相反，性格也是相反的。凹进形的人一般来讲做事节奏很慢，有时候可能是那种你不能接受的慢，到了迟缓的地步，比较固执，做事思想也不是很切合实际，有异想天开的倾向。凸出形的人就恰恰相反，他们做事迅速，讲求效率，有创造力，行动敏捷。不过他们的缺点也很明显，容易冒进，冲动，易怒，没有耐心。

眉毛虽不是人体的一个器官，但它长在人的面部，其一举一动都代表着一定的含义。

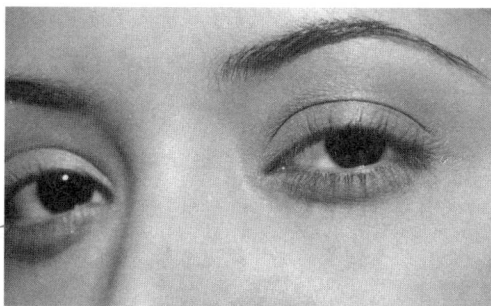

心理解码：双眉上扬，表示欣喜或惊讶；单眉上扬，表示对别人的所做所言不理解、有疑问。皱眉，大多表示烦心、反感、不同意等情形。

人的面部表情往往会牵动着嘴部，甚至通过嘴形的微妙变化就可以窥探一个人的内心情绪、情感的变化。

心理解码：当对方听到你的试探性语言后表现出嘴唇微颤，表明对方的心有所动容。当与对方说话，发现对方在聆听时表现出双唇紧闭同时两边嘴角上扬，表明对方是在应付。

4

心理解码：嘴巴一角上扬是什么意思？

当你在阐述某一观点或是想法、看法时，如果对方的嘴部表情呈现为：一边嘴角上扬，则说明了对方对你的观点、想法、看法持不屑态度，或者说是对你的表述显得有些不耐烦。

心理解码：总是抿嘴，是在表达着什么信号？

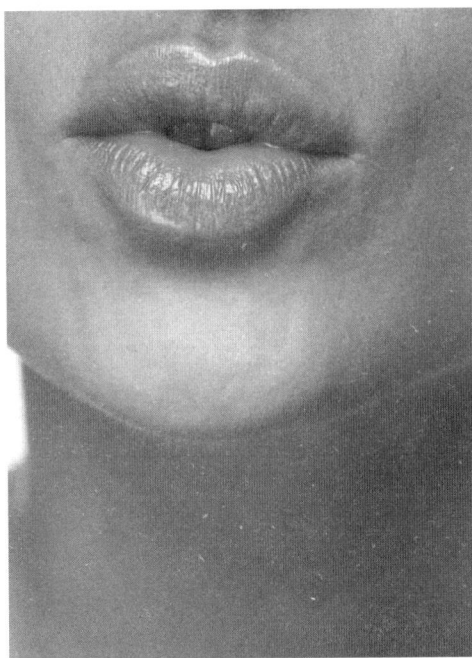

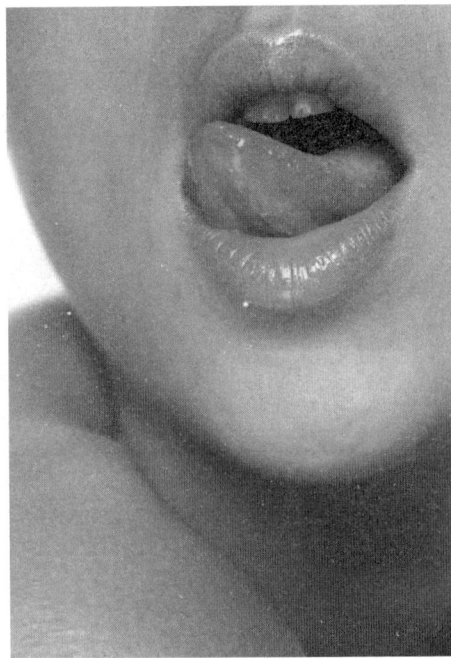

如果看到一个人时不时地抿嘴，这也是一种不友好的信号。它表示攻击和不耐烦的意思。一个人的嘴唇发白，表示他内心的感觉是恐惧，没有活力，或者是内心很残忍。嘴唇的动作不单单是体现在动作上，如果嘴唇紧闭，当然不是很用力地在闭着，而是很自然的闭拢，说明此时的内心很安静地，很自然。

一、探秘微表情：洞悉人心的重要线索

微表情是心理学的一个重要名词，从微表情中有许多的信息值得人们去探寻与解读，而要了解和把握微表情的信息，就要求我们对人的面部特征，以及微表情的变化反应进行有机的分析，从而获得正确的认知。这是揭秘微表情与其内心世界相联系的必然所在，也是人们识人读心的重要线索。

利用微表情捕捉一闪而过的信息

微表情在生活中是经常发生的事，却是不易察觉的事。我们能通过人类的语言对一个人的心理做出种种猜测，但是很难一下子就对别人的微表情做出准确的判断，这一方面是因为微表情这个概念在生活中还不是很常见，我们还没有这方面的意识；另一方面也与微表情本身的发生机制有关系，它来得太快，很随意，基本上不会给我们留下太多的审读时间，这就在实际的操作过程中增加了难度。

其实我们完全不用因为微表情的难度而悲伤，或者是失望。因为每个人都会有情绪，有感受的起伏变动，就会有微表情的发生，这是不可掩盖的，那么也就意味着我们在日常生活中随处都有可能发现这个问题，并对这个问题有更加清晰直观的认识。这个问题就有点儿类似我们在日常生活中经常看见一些习以为常的现象，比如春天花就会开放，夏天的天气很热，冬天北方地区会下雪，而南方的海边可能穿短袖。这些都是素材，只要我们认真地思考，就能从中得到很多我们想要的结论，或者是学问。微表情也是一样。人是感情的动物，而且感情非常丰富。如果单单从这个角度来审视的话，悲观的说法就是我们人类是情绪的奴隶，人人都会有情绪。所以，只要用心观察，就能发现其中的奥妙。

比如说你早上上班后不久被上司叫到办公室去，然后他就你最近的表现狠狠地批评了你一顿，这些还不要紧，批评完了告诉你，你这个月的奖金没有了。你从他的办公室出来后，会是什么样的表情呢？肯定不会很开心，要么你是哭丧着脸，要么是一点儿表情也没有，其实没有表情也是一种表情。要么你的脸上充满了不满，要么是很释然的样子。这些表情都意味着什么呢。相信这个问题并不难回答。

微表情的表现是多种多样的，也是瞬间即逝的，留意观察才能有所收获，一闪而过的动作，只要我们用心去看，就一定能捕捉到想要的信息。碰到类似的事情，多数人可能都是不开心的，面对这样的情况不管你是怎么想的，开心快乐显然是不可能的。所以哭丧着脸，就说明你很不爽，很苦恼。奖金没有了，肯定是苦恼了。没有表情是什么意思呢？如果你看见自己的同事被上司拉去训了一顿，之后他面无表情地走出来，你会怎么想，他又是什么心理呢？他是对上司不满，对上司的这个做法不满意，但是自己是下属，又不能和自己的上司对着干，所以内心的大反抗在这个时候就会表现更加旺盛。很可能平时他的行为就会表示诸多的不满。如果一脸的释然，就说明了一个问题：不准备干了！可能是因为种种原因，早就不想干了，恰好有这么一个机会让自己下定了决心，正好辞职。所以非但没有表现出伤心，而且觉得是一种解脱。

每个人的心理活动都会很自然很明白地在脸上表现出来。但是这种相对明显的情绪是可控的。这种相对比较大的情绪波动只有在面对非常大的打击时，才会表现得非常明显，而且在一些人那里，这种情绪并不能总是反映出内心的真实感受，也就是说，伪装的成分很多。所以单单地从一个人的面部较大的情绪波动来查探一个人的内心是不完全正确的，有时候还会得出错误的结论。多方面考察是很有必要的。

如果一个人在和你说话的时候，他一直盯着你看。这样的表现会给我们一个非常明显的信号，他是有信心的，他讲的都是真的。其实恰恰相反，他在撒谎。这样做的目的很简单，就是为了看看对方对自己的话是不是相信，谎话有没有被揭穿的可能。同时他很想知道自己的这套把戏能不能得逞。相反，如果对方在和你聊天的时候不再看你了，转移了自己的视线，这不能说明他就是在说谎，很可能是在回忆。这样的反应多半能说明他讲的话是真实的。所以，对微反应我们的判断不能单单从一个方面着手，而是要从多方探查，经过相对仔细的观察，就能在第一时间发现对方在想什么，他的话是真还是假。

微反应的表情部分一般来讲会和其他的一些小动作或者是小细节联系在一起，而不是单单表现在脸上，所以，在我们进行微反应观察的时候，需要做到"眼观六路耳听八方"。所谓眼观六路，就是需要对他的各个细小的动作做到心中有数，耳听八方就是要能听得到弦外之音。因为微表情就是蕴藏在这些细节中的。

说话是了解一个人心理最直接的方法，但是话语内容并不一定就能当真。听话听音其实也只能在一定程度上知道他的更多的含义，但是对真实程度很多时候可能就无能为力了。不过这些并不能难住我们。内容本身不行,语气、语速却可以反映出他的真实想法。比如说你在和对方谈话,他对自己讲过的内容重复很多次,而且讲话的声音有往上走的趋势,那么就说明你眼前的这个人在撒谎。简单的重复就是对自己讲过的话没有信心的表现。

脸上的面部表情是非常复杂的一套系统,它可以通过不同的信号传达同样的信息。比如说如果某个人在面对十分害怕的场合,很恐惧,那么他脸上的肌肉就会出现短暂的停止,没有任何变化,就是僵硬了,而且瞳孔会放大,眉毛往上,嘴巴略微张开。这些表情的配合体现了一个心理变化:恐惧!在解读一个人的微表情的时候,脸上的很多信号都可以让我们找到想要的内容。比如说眉毛。这也是一个能反映丰富内容的地方。眉毛紧皱,一眼就能看出来,很苦恼,很无奈,同时也有可能觉得很不耐烦,很讨厌。同时在一个人说谎话的时候,他自己心里也会感觉到不安,每个人都是这样。那么有些人的表现就是不停地摩挲自己的双手,这样做他自己是没有意识的,就是为了安抚自己内心的不安。

读懂他人内心,少犯人际关系错误

不管是现代社会,还是在远古时期,在人类开始说话的时候,其实就已经开始学着撒谎。如果悲观一点儿来讲,我们生活的社会是充满谎言和欺骗的社会。当然这种说法本身不单单是悲观,可能还有失望,或者是无助的意味。并不是所有的谎言都是对我们有害的，在日常生活中，很多谎言其实不是有恶意的，而是一种惯性，一种应对世俗的本能。这个不能笼统地就说成是心怀不轨，不诚实，或者是不厚道。但是很多时候，我们即便不用辨别谎言，也需要多了解他人。人是一本最耐读的书，也是一本最难懂的书。在与人交往的过程中，不去伤害别人，但起码不能被别人伤害，如果你在一个问题上多次跌倒，那么就有必要反省自己了，这个问题可能不是出在别人身上，而是出在自己身上。

微表情的内容本身不是为了识别谎言而存在的，而是为了能更好地融入社会，通过了解别人的真实想法，提升自己的实际应变能力，提高办事效率。想一想，如果你能在面试的时候知道面试官在想什么，可能就不会犯那么低级的错误，同样如果你能知道自己的女友在想什么，那么就不会在失恋之后还问：为什么，为什么，为什么受伤的总是我？这些都可以在微表情的帮助下得到比较理想的答案。很多时候我们需要做的不是将事情本身做多好，而是要知道别人需要我们做些什么。

如果你能相对比较准确地读懂别人的内心，那么身边的人会怎么看你呢？我想评价可能是正面的，而不会说你是个浑人。预热打交道的本领，历来就被看成是入世的一个重要技能。社会这潭水太深，有很多东西是我们根本就没有办法把握的。我们不是先知，不是占卜师，不能靠猜测来了解别人的想法，也不能依靠虚无缥缈的东西来应对复杂的社会。看懂一个人，最重要的就是要看懂内心。我国有句话叫画龙画虎难画骨，知人知面不知心。最难懂的就是人心。微表情的作用就是在识人、读心。

微表情对于实际生活的意义就在于，读懂他人内心，少犯人际关系错误！现在我们早已经不提阶级的概念，那是封建社会的东西，在相对公平的社会环境下再提这个话题也显得不合时宜，不过，事实上，我们现在还是有社会层级之分的。我们在听到经济学家对某个国家的经济形势进行分析的时候，可能会听他讲这个国家的中等收入阶层的收入状况是什么样的，高收入阶层的收入是什么样的，低收入阶层的生活维持在一个什么样的水平上，阶层就是从宏观上对一个人的社会属性、社会经济地位进行定性，这个定性是一种纯粹的经济分析，但是它却直截了当地说明了一个问题：社会是分阶层的，每个阶层的人有不同的经济收入，每个阶层的人有不同的生活方式！既然是生活方式不一样，体现在外观上，就是我们能发现眼前的这个人是和自己一类，还是根本不属于自己生活的世界。每个人面对相同的情况反应是不一样的，这就是人的复杂所在，也是微表情有意思的地方。通过这些微表情，我们就能对这个人进行一个大致的判断，他是属于哪个阶层，从而更加容易地进行后面的分析、了解和掌握。

比如我们在面对自己上司的时候，可能会更多地考虑到他到底对自己的想法是什么样的，对工作的要求是什么样的，怎么做才能更让他满意你呢。这是很多人在职场时面对的困惑。李宗吾的《厚黑学》讲的就是怎么和人打交道。厚厚的一本书通篇讲的就是应该怎么样，采取什么样的措施，用什么样的策略。这些策略如果能建立在把握他人真实的内心想法的基础上，那么才能发挥它相应的功用。同时，如果真的能了解到真实的一面，相信运用自己多年的生活阅历，也能做出准确的判断，知道自己该怎么办。

比如说，你在和一个客户谈生意，讲得很起劲，对方一开始也听得比较投入，但是忽然你发现他在不经意间整理自己的领带。这个时候就说明他不是那么有兴趣地听下去了，或者是你的话开始偏离了他关注的中心。换个话题吧，这样做对你才能更有帮助。或者你先不要说了，而是将话语权让给对方，听他讲。如果你碰到的客户在和你说话时总是喜欢闭着眼睛和你讲话，那又代表什么呢？这些如果没有一个比较明确的答案，可能就会面临一些自己都不知道原因的失败。

其实每个人的性格、内心，并不是那么封闭的，起码不是像我们想象的那样封闭，它是开放的，只是开放的形式不是在直接告诉我们，他是什么样的，在想什么。如果你不能确定一个女孩子的性格，那么就可以通过穿着进行初步的判断。你看见一个穿着豹纹的女孩子在大街上招摇地走过去，会有什么样的反应。你会认为她是听话、温柔、贤淑、内敛的女孩子吗？一般来讲，这种豹纹的服饰代表的意思是野性难驯。那么她的性格里有相当一部分是不可控的，自我意识比较浓重，有主见，外向。衣服也是我们性格的一面镜子，如果能从这个方面进行解读，那么就会对别人有一个提前的预知，就会比较少地犯错误。除了衣着，我们还可以从一个人的日常行为习惯进行解读，兴趣爱好也是很好地反映性情的标准。

在年轻人刚刚踏进社会的时候，年长的人可能会说，社会是个复杂的地方，要小心应对，人心险恶，要时刻提防。刚从大学校园里出来的大学生，也经常能听到这样的话，不要认为自己大学毕业了，就有高人一等的可能，学校里的那些，在社会上多半是不实用的，真正的学习才刚刚开始。这些都在说明一个问题，读懂人比做对事还要重要。

不同的面部表情代表不同心理信号

在面对一个人的时候，尤其是第一次见到一个人，我们总是可能在心里想这个人长得可真好看，或者是怎么长成这样啊。这就是说，我们对一个人的第一印象总是和长相分不开。面部表情也是集中反映微表情的阵地。微表情的一个很重要的方面就是脸部肌肉的不同动作，通过这些动作会得出不同表情下的结论。

我们在说到一个人的表情时，可能会说这个人长得好凶，或者是这个人长得好善良，看上去就是老实人。所谓相由心生并不完全就是迷信，在很多时候，它的确能对我们考察一个人起到第一手的参考作用。如果一个人总是生活在痛苦中，很可能是一副苦瓜脸，看着就让人难受。面部表情是微表情的第一反应内容，也是微表情的核心内容之一。不同的面部表情代表了不同的内心写照。

人类在经过漫长的生理发展之后，已经形成了一套完整的应对外界应急反应的机制。只要内心有情绪波动，就一定会在脸上有所体现。汉语有个词叫察言观色。意思就是通过一个人的表情来解读他的内心。这是被认作非常可靠的一种办法。但是，我们如果反过来看，就是有表情的时候，是不是真的就有情绪呢，答案是不一定的，伪装是可以做到表情变化的，而且一个高手能做到很逼真，比如专业演员。所以我们在解读表情的时候，最重要的不单单需要知道表情本身是什么内容，还需要知道表情是真的还是假的。不过我们还先要从有哪些表情看起。

一般来讲，我们的情绪变化无非就是喜怒哀乐几种。这是最笼统，也是最粗线条的划分。人类的面部表情总体来看，有这么几个共同的类型：高兴、惊讶、恐惧、厌恶、悲伤以及愤怒。这6个面部表情基本上可以看做人类的所共同拥有的表情特征。

高兴。这个表情我们一眼就能看出来，因为高兴的时候人都会有笑容出现。不管是外向的大笑还是比较内敛的微笑，都在快乐的时候会体现出来。这个时候人就是开心的。脸上的表情变化也有很明显的特征，比如说脸颊的肌肉会上扬，而且眼角周围的肌肉会跟着联动，皱到一起。这就是一个人的皱纹首先从眼角开始的原因之一，如果他不能笑了，或者是失去了笑容，那么就不会有这么明显的变化。笑是人类最独特的一个有别于动物的表情特征，很多动物在开心时很难有微笑的表现，尽管我们能从电视机的镜头前看到一些猩猩或者是猴子的微笑，但是这些多数不能和人类的笑相提并论，人类的笑是丰富的，内容很多，每种不同的笑代表了不同的意思。最饱满的开心或者是快乐的笑容就是大笑。不管一个人是什么样的地位，什么样的工作性质，什么身份，什么年龄，都会有大笑的时候出现。这一点在婴儿身上最能体现出来。我们经常能听见一个婴儿咯咯咯地大笑。由于这时候的孩子都是胖乎乎的，所以他们笑起来的时候，整个脸都在动。

> 不同的面部表情代表了不同的心理信号。每一种微表情下都有各自的背景，解读这些不同的微表情，对于洞察一个人当时的心理反应意义重大。

悲伤。这也是人类比较独特的一个表情。因为悲伤面部表情也十分丰富。时不时新闻上会看见有动物流眼泪的情况，但这并不是总能见到的。他们流泪也不一定就说明是悲伤，可能是沙眼。人在面对一些让自己感到痛苦的事情时，不可避免地会产生悲伤的情绪，最饱满的悲伤反应就是痛哭。哭在多数时候能说明一个人的内心悲伤。悲伤时，两眼无神，无精打采，很少会看见一个人在痛哭流涕的时候双目如电，炯炯有神的。上层眼皮下垂，两个嘴角微微下拉。

愤怒。提到愤怒，我们在脑子里可能会想到一个人的眼神，那是充满敌意的眼神，充满火药味。这是愤怒的一个表情变化，眼神的直接反应。眉毛往下走，而且并拢在一起，嘴唇紧闭。人在很多时候会表现出愤怒的情绪，比方说自己的看法总是被否定，自己的利益受到危害，焦急，或者是受到威胁的时候等。

厌恶。这个表情表达的意思是排斥。一般来讲，如果一个人真的感到很厌恶的时候，印堂会起皱纹，而且上嘴角上扬。厌恶的最极端形式是呕吐。这一点我们在很多的影视剧中经常能看到类似的情节，为了表达自己的厌恶之情，就做出一副呕吐状。所有的厌恶情绪都表达了一个信息：否定！它对刺激源的态度是不认可的。不管是极端的呕吐，还是比较中性的轻蔑，都是对一种行为或是人或是一种观点态度的否定。

恐惧。恐惧的表情在日常生活中并不是很常见的，因为我们面对的很多事情在多数情况下是常见的。而且人在成长的过程中总是被教导要胆大，胆子太小的人会被别人看不起。所以相对极端的恐惧情绪并不常见。恐惧的反应一般比较强烈，眉毛和眼皮一起上扬，眉头紧锁，眼皮也会往一起靠拢，一般还会张大嘴巴，这是本能，希望获得救助的一种表现。

惊讶。惊讶的表情持续时间很短，如果超过一秒，你就可以判定这个人的惊讶是假的。真正的惊讶表情不会超过一秒钟。这个时候人的眉毛上扬，嘴巴微微张开，瞪大眼睛。惊讶情绪体现在脸上，首先就是面部肌肉开始收缩，经过一段时间的收缩会达到最大值，不过这个动作是在瞬间完成的，并不是惊讶的表情时间越长，就越能体现一个人的惊讶情绪越高，惊讶的程度越高。脸上的肌肉收缩到一定程度就不能再收缩了，也就是到达最大值，不能再继续进行时，心里的惊讶情绪其实已经没有了。

读懂人心是一门技术

看一个人，最重要的就是看清楚他的内在心理活动，切实地了解到对方的性格。我们在日常生活中多少会有识人不易的感受。其实别人想了解我们自己的内心也不是一件容易的事。因为我们都会伪装，会撒谎，讲的话言不由衷、司空见惯。我国有句老话叫做"画龙画虎难画骨，知人知面不知心"，讲的就是古人也对识人这个问题感到很伤脑筋。

正是因为伪装，我们在面对别人的时候，才不能确定某种姿态是真的还是他故意做出来的。如果我们得到的信息都是真实的，不是对方经过修饰的东西，那么我们做出的判断就会准确得多，不会受到别人的影响而走入错误的思路里去。我们每个人都是感情的动物，同时从某种程度来讲，也能看做感情的奴隶。我们在不经意间就会流露出自己内心最真实的一面。我们有句话叫做"察言观色"，这是古代对于怎么弄清楚一个人的心理给出的答案。即便是放在现在，这四个字依然是适用的。我们说的微表情，讲的微反应其实就是通过一系列微小的反应、微小的动作对别人的内心世界进行解读，从而得到我们想要的信息，了解他人的性格，更进一步地了解别人的意图，从而实现保护自己的目的。

不管是谁都会有表情，而且任你是谁，这个微表情都是你控制不了的，也就是说微表情是不经过人的大脑直接表现出来的一种个人表情。

这是人的内心世界最真实、最赤裸的一种外在表现。当然,如果微表情就是这些内容,我们得到的信息可能就不是很丰富,那么就很难得出接近真实的答案了。所以微表情的内容范畴还不止这些。

我们在见到一个人的时候,对他的最直观的印象是哪些呢?一般来讲是长相如何,穿的什么衣服,讲话的声音,语气的快慢,等等。通过这些,我们都可以对一个人的性格进行一个大致的解读。

比如说,我们见到一个人,看到的首先是五官相貌。如果这个人的脸形是三角形,即下巴比较尖,额头及脸的上部比较宽。这种人一般来讲是那种比较富有智慧的人,多数不会从事体力劳动,也就是我们在日常生活中经常夸奖头脑好的一类人。他们很有艺术气息,看上去气质很不错,不过他们的体力较差。如果对方的脸很圆,脸上的肉很多,属于肥胖一类,但脸虽然胖,一眼就能看出来,即便是不胖,也是个圆脸人,这种人一般心地不错,很敦厚。在朋友圈子里很招人喜欢,人缘一般都不错。这种人行动力强,做事不是那种找种种借口不去干,不过他们都缺乏严谨的做事能力,这一点是他们性格上的缺陷,他们比较敬业,也合群,但是比较难服众,所以平时从事服务大众的工作比较合适。

这是外貌给我们留下的印象,仅仅是脸形,就可以分出好几种,如果能对一个人的五官作出划分,而且能做到熟稔于心,那么在面对陌生人的时候,就能做到心里有一个大概的印象,知道话题往哪里走,也知道他的心里是不是花花肠子特别多,如果之前的信号就告诉你这是个狡猾的人,那么就要多注意;如果这是个诚实的人,那么就可以以诚相待,否则他可能会误以为你是伪君子,或者是奸诈之徒。不但是外貌,衣服也能给我们一些信号。比如说,我们面前现在站着两个人,一个衣着朴素,一个绚丽多姿,时尚新潮。你会对这两个人的性格做一样的解释吗，我想多半是不会的。

其实我们日常的一些习惯性的看法也认为一个人的穿着打扮能反映出这个人的内在性格。衣着朴素、简单的人，他们一般比较成熟、稳重，对人也很热情，不管是工作还是学习，他们一般都很刻苦，很踏实，也很肯干，对人对事都很客观、很理智，不是那种很容易就感情用事的人。不过衣服过于朴素的人，就表明这个人的自我意识不是很强烈，很容易就会屈从于别人。

不管是外貌，还是衣服着装，都能在第一时间暴露出对方的心理特质、性格特征，这是无法掩饰的外在表现。看人，识人不容易，其实只要我们能细心观察，好好地弄明白每一个微表情背后的意义，在切切实实地掌握了它之后就会发现，了解一个人也不是太难的事情。

用微表情这把钥匙开对那把锁

微表情不是看相，我们在对微表情进行解读的时候，是根据所有人都会有的一系列的表情来对对方的心理、真实的情况做出猜测，从而得出客观的结论。这是一整套的理论和一整套的系统。在面对一个人的时候，我们能从这个人的脸上进行解读，得出一个初步的印象，这是为了能在后面和他相处得更好，而不是因为这个要获取更多的不恰当的所得。

我们前面讲，微表情很大一部分是从一个人的面部肌肉进行解读。

每个人的面部都会在不同的情境中产生不同的反应，这个肌肉的动作是无法回避的，不管有什么样的阅历、多丰富的人情世故的底子，都是没有办法作假的，这是一个基础，也是我们能够进行微表情解读的最根本也最实际的一个理由，也就是说，微表情是建立在对人体科学的人之上进行的一个科学探索，而不是神化了的妄自猜测。

在日常生活中，不管是刚走进社会的新人，还是已经在社会上摸爬滚打多年的老人，都会有一个共同的感受，这个社会最难做好的不是事情本身，而是人。

人很难处，所以就有人说未做事先做人，就是这个道理。如果做人你是成功的，那么做起事来也就会顺风顺水的多。

一个人的前景如何，这个是需要经过很多努力和付出之后才能获得的，不是长成什么样，就能有什么样的成绩。比如说，电视电影演员，他们有很多是美女、帅哥，但是我们在实际的生活中，身边绝对不缺乏这样的人，美女也好，帅哥也罢，多的是，为什么这些人没有能走上这条成名的道路呢？

其实很简单，没有开始这条路，没有在这条路上走下去。演员也有长相非常普通的人，但是一样可以有很好的成就。他们是通过自己的辛苦付出，勤劳的汗水换来今天的成就。我们讲的微表情就不是针对任何人的未来进行臆测，而是对心理反应做出科学的解读，是为了探明人的内心世界，而不是给我们的未来找到一个合理的解释和安慰。

我们都想知道对方的真实想法，这是在和别人打交道的时候一个通常的心理，你是这样想的，对方也是这样想的。每个人都想通过自己的一些行为来达到影响对方的目的。如果真的能达到这个目的，那么在人际交往的时候，就等于是抓住了话语权、主导权。

但是这个影响是很难做到的。其根本原因就在于我们不能明确地知道对方在想什么，他真实的心理是什么样的，如果能知道这些内容，那么影响别人就会变得比较简单了。这时候观察和解读对方的微表情就显得很重要，也是我们理解别人真实意图的一个制高点。通过这些问题的解读，我们可以获得一些真实的信息，看透对方的伪装，在虚假的外衣下看明白事情的真实环节，一方面可以击破别人的进攻，另一方面也能达到安全保护自己的目的。我们想要的生活是安全的、精彩的，这就是解读微表情的意义所在。

不过，既然我们将微表情称为是对人类表情解读的一门科学的系统，那么说明这个肯定是早就存在的，在人类发展、繁衍的过程中，在人类文明大踏步向前迈进的时候，这个问题也是各种文化研究的一个方面，或者是一个分支。那么在研究的过程中，并不能说明每一次的结论都是正确的，每一个人的研究都是合理的。不管是什么样的理论，最终的目的都是想能无限地接近事实，而事实就是理论最终的归宿。但是，在通向这个目的地的时候，总是会发生这样那样的错误。走弯路也是很有可能的事情。

比如说，我们在解读人类害怕时发现人的面部肌肉会有大幅度的变化，眉毛往上走，而且会挤在一起，嘴会微微张开。这些是我们今天的解读，但是有可能经过以后科学的进步，这个微表情的动作会有更加丰富的内容，可能就不止这些，也有可能会对今天给出的一些结论进行修正。所以在发展的过程中，这些内容是有可能并不是完全能反映出我们想要的东西，不是微表情本身有什么问题，而是我们对它的探索并没有达到极致，或者是还有很多的路要走，既然是这样，那就很有可能我们在解读微表情的时候并不是百分之百的正确，也并不能百分之百地保证微表情就能给予我们想要的一切信息。这种情况是存在的，也可能会时不时就发生。

你可能发现通过这些微表情的理论去解读的时候，很茫然，不知道该从什么地方下手，似乎是用尽了所有的手段，但是仍然还是看不透对方的心思，或者是你认为自己通过某个反应得到了想要的信息，但很不幸，事后证明自己错了。这些都是可能的，每一种科学理论可能都会遇到一些类似的问题。这不是微表情本身的问题，而是我们对它的解读还有待深化，有待更进一步地探究。

如果想通过这种微表情的理论去处理身边很多以前未能处理好的人际关系，想通过这个理论去解释自己遇到的一些难题。结果可能是让人满意的，也可能并不如想象中美好。这都是正常的。这个理论不能保证一定"有用"或者是"没用"。这个就要看我们自己所站的立场了。

比如你在面对一个新的客户的时候，他的一举一动都在你的眼里，你是不是想了解他到底在想什么呢？

还有你的上司老是和你讲一些不着边际的话，他到底是什么意思呢？

原来你和自己的恋人处得很好，但是突然她却不冷不热地对你，这是怎么一回事呢？

你感觉到在单位可能有人在背后给你穿小鞋，但是就那么几个人，到底会是谁呢？

……

这些问题你都有可能陷入不确定的迷茫之中，那么微表情就是一把比较不错的钥匙，针对每把锁，一一找到可能的答案，而不是给你一个确定的美好的生活保证。

二、面部解码——解码微表情的载体

面部是人类微表情最为丰富、集中的地方，是微表情的核心内容，它统领着一个人主体的表情变化，当然也蕴藏着深奥的秘密。掌握每一个部位的细微变化，是读懂一张脸的根本。

会说话的眼睛：通过眼部表情窥测他人

眼睛饱含着微表情的丰富内容，它是观察一个人各种能力、品质的窗口。对于人的眼睛，先哲孟子曾说过一段话，大意是这样的："观察一个人的善恶，再没有比观察他的眼睛更好了。因为眼睛不能掩盖一个人的丑恶。"

还有人说：人在与外界事物接触的时候，他的表情集中表现在眼睛上。心若正，注意力便集中，眼睛也就明亮；心若不正，注意力则分散，眼睛就昏暗。由此看来，一个人的心邪与心正是隐藏不住的。因为说话也许可以欺骗,但是眼睛不能,它会出卖口中的谎言。

通过眼部表情窥测他人,就是通过观察人的眼神来认识人内心的秘密。诗人公木在《眼睛》中这样写道:"婴儿的眼睛是清澈的,青年人的眼睛是热烈的,中年人的眼睛是严峻的,老年人的眼睛是睿智的。""眼睛是心灵的窗口,不会隐瞒更不会说谎。愤怒飞溅火花,哀伤倾泻泪雨,它给笑声镀一层明亮的闪光。"人眼睛里流露出来的光是心境最真实的流露,同时,它也是一把锋利的剑,敏锐的目光可以在与人沟通过程中轻易地捕捉到对方最为细微的表情变化,从而洞悉对方的真实内心。

读懂人心并不难,只需把心静下来,仔细地观察他人的眼睛,它的表情,它的动作,它的神韵……这个时候你会发现,每一双眼睛反映着一个人内心的情感与思想。所以,将眼睛比喻为"心灵的窗户",不但是一种文艺范儿的称呼,同时也极具科学性。

就好像我们在遇到初次打交道的人时,首先会用打量的目光将对方仔细看一遍,尤其是面部,尤其是充满故事的眼睛。从眼睛中,我们可以看出对方的性格(温和、冷漠、狂躁等)、品性、情感、心性、德行等。

如果说看人先看眼,那么,人的一生中会遇到各种各样不尽相同的眼睛,每双眼睛也都有着不同的内容,比如思维、想法、心性。通过眼睛的微表情,我们可以解读出许多有趣而生动的内容。

1. 眼神偏离意味着什么

如果你在和一个人谈话,但是他的眼神一直不在你身上,那么就说明,这个人对你说话的内容可能一点儿都不感兴趣,或者是对你没有什么好感,也就是不大尊重你,也有可能是在想自己的心事,你们之间的谈话,他根本就没有留意。但是需要注意的是,如果是上司,你的下属在和你谈话的时候，一般是不大可能一直盯着你的眼睛看的，下属在和自己上司谈话时一般会流露出害怕、担忧、羞怯，或者是自卑的眼神。

2. 眼睛盯着你和瞪着你说明什么

如果你在和对方谈话时，他一直盯着你看，瞪着你，而且还时不时地说一些比较消极的话，比如说"唉，没有什么办法了，就这样了"等，这说明他很可能之前说谎了，现在是故作镇定，因为他担心自己的谎言很快就被揭穿。

3. 眼神灰暗的表情信号

如果对方的眼神比较灰暗，那么传达出来的就是消极的信号，比如你们的合作他很不看好，如果眼神积极、明亮，那就是积极的信号了，他对彼此的合作是很有信心的，也很愿意和你合作。

4. 目光躲闪的表情信号

如果一个人的目光总是躲闪对方，说明他缺乏足够的自信心，怀有自卑感，性情懦弱。

但如果是一对恋人，那么躲闪的目光则有另一种含义，表明他（她）由于倾心于对方而感到紧张或羞怯。我国著名作家巴金在他的《旅途随笔·一个车夫》中写道："我借着灯光看小孩的脸，出乎我意料之外，那完全是一张平凡的脸，圆圆的，没有一点儿特征。但是当我的眼光无意地触到他的眼光时，我就禁不住大吃一惊了。这世界里存在着的一切在他的眼里都是不存在的。在那一对眼睛里我找不出一点儿承认任何权威的表示。我从没有见过这么骄傲，这么倔犟，这么坚定的眼光。"巴金以作家特有的观察力，在无意中躲开了对方的目光，但是又在无意识中触到了对方的眼光，这个事例说明，躲闪的目光实际上是躲而不闪、躲中有闪，闪中有情，闪中更有新意。

5. 目光斜视的心理透视

对于目光斜视，一般有两种情况：一种是中国古人所云，眸子不正则心术歪也；另一种情况是指并不相识，或不大熟悉的人之间的一种情况。

在中国古典文学名著"三言"、"二拍"的《醒世恒言·两县令竞义婚孤女》一文中，有这样一句话："眼孔浅时无在量，心田偏处有奸谋。"心田之偏，藏于脏腑，何以知之呢？在古人看来，两眼歪斜，心术不正。在作家的笔下，对眼睛的描绘，就更为生动了。美国著名的作家杰克·伦敦在作品《一块牛排》中出色地描述过这样的一个人："他简直像个野兽，而最像野兽的部分就是他那双眼睛。这双眼睛看上去昏昏欲睡，跟狮子的一样——那是一双准备战斗的眼睛。"俄国作家屠格涅夫在《春潮》中也描述过一双强者的眼睛："那双亮得几乎变白的大眼睛现出冷酷的迟钝和胜利的满足的神色。只有鹗鹰用爪撕裂一只落在它爪子中的鸟儿时，才会有这样的眼神。"

6. 为什么眼睛上扬

有些人有时说话眼睛喜欢上扬，这往往是一种假装无辜的表现。如果某个人的眼睛往上吊，那么他可能心里有很多不可告人的秘密，害怕被别人知道，而且这类人喜欢夸大事实；如果眼睛下垂，就表示他有轻蔑的意思，偶尔也传达出对对方的不关心。本质上这类人是自私的，很任性。

综上所述，通过眼睛微表情的分析，我们可以归纳得知：正眼视人，显得坦诚；躲避视线，显得心虚；乜斜着眼，显得轻佻。另外，眼睛的瞳孔可以反映人的心理变化：当人看到有趣的或者心中喜爱的东西时，瞳孔就会扩大；而看到不喜欢的或者厌恶的东西，瞳孔就会缩小。目光可以委婉、含蓄、丰富地表达爱抚或推却、允诺或拒绝、央求或强制、询问或回答、谴责或赞许、讥讽或同情、企盼或焦虑、厌恶或亲昵等复杂的思想和愿望。眼泪能够恰当地表达人的许多情感，如悲痛、欢乐、委屈、思念、温柔、依赖等。

总之，会说话的眼睛蕴藏着微表情的丰富含义，透过它，可以看出一个人是欢乐还是忧伤，是烦恼还是悠闲，是厌恶还是喜欢，是坦然还是心虚，是诚恳还是伪善。因而它能够最直接、最完整、最深刻、最丰富地表现人的精神状态和内心活动，它能够冲破习俗的约束，自由地沟通彼此的心灵，能够创造无形的、适宜的情绪气氛，代替词汇贫乏的表达，促成无声的对话，使两颗心相互进行神秘的、直接的窥探。

特殊的"读唇术"：嘴唇"动态表情"

嘴巴是人与人沟通交流的一个重要的发声部位，是人体的一个十分重要的器官，同时也是人在表情这一复杂且无声的语言中的一个重要参与者。

人的面部表情往往会牵动着嘴部，甚至通过嘴形的微妙变化就可以窥探一个人的内心情绪、情感的变化。

有思想的人在接受一些刺激后，往往会做出一些不自觉地、本能性的神经反射性表情变化，当然，也包括一些习惯性的。因此，如果我们掌握了微表情中这项特殊的"读唇术"，就可以抓住连对方也不知道的已经出卖自己内心想法的细微性唇部动作。

1. 嘴唇颤抖表示什么

如果细心观察就会发现，当你在和一个人讲话时，他的嘴巴会显现出轻微的抽搐、颤抖。这说明了什么呢？

这往往说明了这个人的情绪开始变得激荡，说明了他对你所讲的话，或者是你们所讲述、讨论的话题心有所动，并且反应较大。此唇部表情往往体现了这个人情绪上呈恐惧、慌张或是难以抑制的气愤。

尤其是在“试探性谈话”中，当对方听到你的试探性语言后表现出嘴唇微颤，则可以表明，对方有所动容，从而可以有一个接近事实的判断依据，比如对方是知情的。

2. 嘴巴一角上扬是什么意思

当你在阐述某一观点或是想法、看法时，如果对方的嘴部表情呈现为一边嘴角上扬，则说明了对方对你的观点、想法、看法持不屑态度，或者说是对你的表述显得有些不耐烦。

就算对方表面上点头，或是口头上做出模棱两可的回答，或是不表态，不说赞同，也不说反对，那么，从嘴唇表情便可以窥探出对方的真正想法：他是有异议的，或者起码他是不赞同的。

这样，在交际或是商务谈判中，若掌控了对方的心理想法，便可以及时地对自己的谈话方式、策略等进行调整。不然，迷迷糊糊地被人打发了，预想的沟通效果也未能达到。

> 真正的交际高手、读心高手，他们之所以能够在瞬间抓住对方的真心，是因为他们不仅仅读懂了对方的眼神，还有表情的全部，嘴巴就是其中之一。

3. 双唇紧闭，同时两边嘴角上扬

表面看，这似乎是微笑的表情，其实，并非如此。

真正的微笑是两边嘴角上扬的同时，双唇自然分开，肌肉呈松弛状态，而非僵硬、死板的紧闭状态。

因此，当你在与人沟通的过程中，如果发现对方在聆听时表现出双唇紧闭同时两边嘴角上扬，那表明对方是在应付。表面上可能是出于对礼仪，所以表现出一个看似温和的表情，但心里已经在同步思考着相关的事情，或者是别的事情。

出现这个表情，对方的心里往往希望对话或者是正在进行的话题能够尽快结束。所以，这个时候如果能够抓住对方的微妙唇部表情，了解对方真实的想法，那么不妨暂时停下表述，征询一下对方的意见，或者是转换个话题，缓解一下气氛。

4. 嘴唇绷得紧紧的是怎么回事

如果你看到一个人的嘴唇绷得紧紧的，有可能他是在担心自己受到欺骗。他希望通过嘴部周围肌肉的收缩来达到抵御外来干涉的目的。当然他自己是无意识的。这个动作不是自己想做的，而是一种自发的反应。所以他们的上嘴唇有时候绷得紧紧的，就是希望不受到自己的感情影响，或者是不受到他人的感情影响。

如果一个人的嘴唇经常性地处于绷紧状态，就说明他的嘴唇天生就是绷紧的。上唇不仅仅是绷紧，一般还会有卷曲的情况。我们在观看《动物世界》的时候，有时候会看到一些动物在准备战斗之前，都要露出自己的上齿，这就是一种战斗和对抗的信号，也是一种残忍的预兆。

5. 总是抿嘴，是在表达着什么信号

如果看到一个人时不时地抿嘴，这也是一种不友好的信号。它表示

攻击和不耐烦的意思。一个人的嘴唇发白，表示他内心恐惧，没有活力，或者是内心很残忍。嘴唇的表情不单单是体现在动作上，如果嘴唇紧闭，当然不是很用力地在闭着，而是很自然地闭拢，说明此时的内心是很安静的，很自然的。

6. 嘴巴呈呆滞的张开状态是怎么回事

如果是半开或者是全开的状态，表达的是疑问的意思，也可能是感到非常吃惊，甚至是很害怕。我们在看电影的时候，如果某个女主角要表现自己很害怕，没有一个人是闭着嘴的，就是这个道理。嘴角上扬，就是比较礼貌，比较开心，是一种善意的表示，如果嘴角往下走，下垂，内心可能很痛苦，有什么事情是暂时不能解决的和无可奈何的，撇着嘴就是生气，不满，这一点在生活中我们是经常能看到的。

7. 舔嘴唇

有时候我们在和别人说话的时候，可能会看见对方会不经意地舔舔自己的嘴唇。这说明他当时的内心要么是很压抑，和你的谈话让他觉得很不自然很不舒服，要么就是内心很激动，可能是听到了什么有利于自己的消息，或者是一直有一个类似的消息放在自己心里，又不能公布出来，他们会觉得口干舌燥，所以就会时不时地舔舔自己的嘴唇，或者是喝水，其实也喝得不多，就是抿一小口。

由此看来，嘴巴也是微表情中重要的一部分。

以"眉"传情：眉毛给我们的信号

有这么一个笑话：

一天，人面部的五官吵了起来，为的就是想要争论出谁是五官中最重要的器官，谁才是五官中的老大。于是，每个器官都自吹自擂地讲起了自己存在的伟大。

眼睛说："我是主人必不可少的，因为我负责视觉，让他看到这个世界。如果没有我，世界将是一片黑暗，太可怕了。"

耳朵说："我负责听觉，我能够让主人聆听这个世界的美好的声音。如果没有我，美妙的音乐听不到，甜言蜜语听不到，如果走在路上，身后的汽车向他鸣笛他都听不到，那多危险呀！"

鼻子说："我能够让主人过得更幸福，让他闻到这个世界的美好的味道。一个失去嗅觉的人生，是不完整的人生。"

嘴巴说："要说，我是最重要的，没有我，主人就没办法说话，有话难言，多难受啊！我还负责味觉，负责主人饮食饱腹的生计大事。"

讲完之后，大家都不约而同地将目光转移到了眉毛上，等着它为自己证言。

然而，眉毛涨红了脸显得十分不好意思地说："我是为了漂亮而存在的，人没有眉毛岂不是很难看……"

"哈哈哈……"其他四官笑了起来，说道，"如果说人必须从五官中选择抛弃一个, 你认为从重要的角度出发, 人会选择抛弃谁? 好吧, 我们可能评选不出来最重要的那个, 但最不重要的那个却很好评选, 那就是眉毛你, 没有实际作用, 有没有都一样!"

的确, 我们也好奇造物者的用意, 眉毛在五官中究竟是怎样的一个存在? 它不像眼睛、耳朵、鼻子、嘴巴那样负责人的视觉、听觉、嗅觉、味觉, 却与之共同存在于人的面部。

眉毛对于人体本身可能没有像视、听、嗅、味等这样不可忽视的存在重要, 但它却在人的"微表情"中起到了重要的作用。它的一举一动都牵动着人内心的情感变化, 可以说, 人的喜怒哀乐, 七情六欲都可从眉毛上表现出来。眉毛本身, 是有着它丰富的语言的。

眉毛间所附的肌肉组织以及肌肉纹路 (皱纹) 的变化等, 都可以向外表达出丰富的情感变化。比如眉毛渐变为"眉头压低、眉梢上扬"的柳眉, 则表示愤怒了; "横眉冷对"则表示挑战、挑衅、敌对等情愫; "挤眉并附带着弄眼, 则表示在示好、戏谑、诱惑等; "眉毛上扬同时深呼一口气"便是我们常说的扬眉吐气, 这往往表示有压力得到有效排解或暂时排解, 或是某种事物、某种发泄让他感到十分畅快……

这可能就是人们通常所说的"以眉传情"。

下面, 我们不妨来解读几种眉毛的语言。

> 眉毛看似单调地生长在人的面部, 却能够做出十分活跃的表情, 细细观察、解读, 它便是你最好的间谍。

1. 眉毛 "上扬"

眉毛在上扬的同时会略微外开, 两眉之间的肌肉以及眉毛与眼睛之间的眼皮会得以伸展, 原有的细纹也会被拉平, 而眉毛以上的额头部位的皮肤则会呈现出因眉毛上提而引起的皮肤挤紧, 两眉同时上扬时则呈现出水平式的长长的皱纹。

当你发现某人在谈话中两个眉毛由平静渐渐地转变为同时上扬之势，那则表示眉毛在告诉你，它的主人此时正处于极度惊讶或是十分欣喜的状态。如果对方在双眉上扬的同时再深呼一口气，便更是表达了心中的畅快与如释重负的感觉。

如果你发现对方眉毛呈现出"单眉上扬"，则说明他对于聆听对象所说的话、所阐述的观点或是所做的事情表示出极度的不理解，心中疑惑。

2. 眉毛"微皱"

皱眉其实是人表情中最为常见的，因为它有着很多本能性的反应，尤其是在人体感觉到被侵、危险或是强烈刺激时，眉毛便会瞬间随着人的心理感受做出反应。举个最简单的例子：当人在遇到强烈光亮照射时，眉毛便会很快皱起来以保护眼睛；当有拳头向人的脸部或是眼睛挥来时，人也会本能性地紧闭眼睛，同时眉毛紧紧地纠皱在一起。这便是一种极为典型的心理受惊、自我保护的反应。

当然，并不是所有的皱眉都表示心理受惊与自我保护。

比如，当你在与人沟通过程中，对方很少言语甚至是不说话，始终沉默，在你滔滔不绝时对方始终平静，但同时也眉头紧锁。这往往说明对方在思考、沉思。有几种可能：一是他暂时不发表意见，而是在认真思考自己接下来的对策；二是他根本没有在听你讲话，思维神游到了其他领域、其他事情上面，在用心地思考别的事情；三是他十分认真在听你讲话，但遇到了难题，觉得不认同，有疑问，在没有直接询问你之前，他在"自我解答"的过程中。具体属于哪一种，可以结合其他面部表情做出综合的判断。

如果你在滔滔不绝的过程中，对方始终平静，眉毛也处于自然平静的状态，但在某个瞬间眉毛却轻轻地皱了一下，却很快又恢复平静了。这说明对方很可能是个情商高手，喜怒不形于色，即便对你的话有反应也在刻意地控制。这种人可能常常摸爬滚打于商场，经常出入谈判场合，谈判时关乎个人利益或者是公司生计，所以谈判的高手段之一就是不表现出过多的微表情、微反应，从而出卖自己的内心，久而久之，在生活交往中便也形成了这种习惯。

所以，在某个瞬间他未能忍住，皱眉一闪而过，可能是不经意的本能反应，连其本人也未能察觉到。这种跳动反应表示他在皱眉的那个瞬间，你的话引起了他的情绪跳动，他对你当时所阐述的话语、观点是有反应的。

3. 眉毛呈现"一升一降"

就好像人在耸肩时的动作一样，一升一降，眉毛在上提时会有短暂的停留。

当你在与人交谈时发现对方的眉毛突然一升一降，如果这一动作发生在"你讲他聆听"的状态，这表示对方在你的言论中听到了令他惊奇的东西，如果这一动作发生在"他讲你聆听"的状态，那表示对方讲到了重要之处，提眉是一种用来强调话语的小动作。

4. 眉毛呈现"一边上扬，一边下降"

这种情况多发生在男性，当对方表现出"一边上扬，一边下降"这种介于扬眉与皱眉之间的表情，整个面部表情会看似一半激荡一半恐惧，此时上扬而起的那半边眉毛就好像是提出了一个问号，这便反映了对方的真实心理：怀疑。

5. 眉毛呈现"快速上扬闪动"

相对于"一升一降"在升起之后做短暂的停留，这一动作的不同之处便是快速地闪动。

在很多人看来，这似乎很明显是一种"挑逗"的信号，其实这并不完全对。的确，在某种情境中，如果一个陌生男人对你如此闪眉，在毫无情感基础的情况下，自然挑逗的概率大些。但如果是相互认识，尤其是许久不见的老朋友见了面，一方甚至相互做出这样的动作，反而是一种欣喜的信号。另外，即便是陌生人，如果是在欢迎仪式、接待等场合做出这样的动作，便不能定义为挑逗，而是一种欢迎、友好的行为。

如果你在较长时间的谈话中发现对方喜欢时不时地快速闪动眉毛，那么不妨继续寻找一下规律，这样也许你会发现对方喜欢在某些自认为重要的话与词时，做出这一动作，用来加强语气。

会说话的下巴：下巴不同动作的性格表征

下巴是一个人的五官极为明显的一个部位。这个地方能很明显地表现一个人的性格特征。下巴的一些微小的动作也能体现不同的心理反应。一个极细微的动作就能将内心世界暴露无遗。

有人甚至说，可以通过一个人的下巴将他的个人性格以及心理看懂个大概。这话并不是完全没有根据的。

不同的下巴动作表达了不同的意思，不同的下巴类型也代表了不同的人生性格，可能也代表了完全迥异的人生道路。我们在日常生活中可能会看到一些人，乍一看上去可能连下巴好像都没有，而有些人的下巴就很明显，外张，轮廓分明。不同的下巴就是不同的性格表征。

1. 下巴上扬透露什么内心

这是一种骄傲的姿态，自大，好像是没有将别人看在眼里。如果是很突出的情况，程度很大，即下巴抬得很高，这个时候颐指气使的感觉就很明显，给人留下很不好的印象。这是一种很明显的具有相当优越感的体现，高高在上。

如果你在与人交谈过程中，对方的下巴有微微略抬之变，就说明对方的心中对你的看法已经改变，可能是因为你的某个动作、某个话题、某个观点，让对方顿时对你产生了轻蔑的态度。还有一种可能，就是他一直是如此自恃清高，看不起人，或者对你的观点一直是蔑视的，只是不愿表露出来，一直揣着，只是不经意间下巴做出来细微表情出卖了他。

一般来讲，上扬或者是叫作突出下巴的动作多是外张性的意思，就是带有一定的攻击性。可能自己当时的内心并不一定就是那样想的，不过潜意识里可能已经潜伏了这样的思想。下巴抬高的时候，人的心理状况是洋洋自得的，有优越感，自我感觉良好，而且此时，可能是他的自尊心在起作用。人在碰到了伤害自己自尊心的情况下，会不自觉地将自己的下巴抬高，以示警告。这个就有点儿类似一些动物，它们在给对手警告的方式就是抬高自己的下巴，露出可怕的牙齿。抬高下巴的时候，人的理智一般是不占据太大的主导地位的，感情色彩会比较明显，这个时候会很容易将别人的成绩一笔抹杀。

2. 下巴收缩说明比较谨慎

如果对方下巴微锁，这个时候往往表示他对自己极为不自信，所以显得底气不足，没有精气神，消极，没活力。

如果是下巴缩起来，这个时候人是很理智的，不会太感情用事。这也代表了他正在思考一个问题。如果经常性地将自己的下巴缩起来，而不是抬着下巴做人，这样的人一般比较谨慎。交给他一件事情能很顺利地完成。他们的性格比较内向，不容易让别人走进自己的内心世界，给人一种封闭的感觉，同时疑心病很重。

对于两个动作而言，不同的程度也代表了不同的意思。比如上扬或者是抬高自己的下巴，一般来讲，上级在下属面前，长辈在晚辈面前会有这种不经意的动作。

3. 抚摸自己的下巴代表一种安慰

有些人在面对一些情况的时候，喜欢用手抚摸自己的下巴。多数情况下是在一些比较尴尬、不安、孤独或者是极度缺乏自信的时候才会有这个动作。这是对自己的一种安慰，也是一种自我亲密的表现。想掩饰自己内心的尴尬，同时也是为了缓解自己紧张的情绪。

但这种微表情的特征也不是绝对的，在不同的情况下，这个动作出现的意义也不尽相同。它代表的不仅仅是不安或者是尴尬，比方说在一个自己十分得意的场合下，也可能会用手抚摸自己的下巴，这个动作的意思就是增强自己的优越感，享受得意的心理感受。

下巴是最明显的一个性格特征，也是最能表明一个人性格底色的标志，不同的下巴蕴藏着丰富的信息。只要用心去揣摩，就不难发现其中的奥秘。

第二章
"微语"观人,言露心迹
——只要一张口,便知有没有

　　人的言辞是传递心声最简便而又最直接的一种方式,同时,不同的心理反应往往会通过不同的言辞与神情表现出来。一个人的语言与微表情是密切相关的,并且一个人的微语言,更是其内心世界的真实写照。

微语言解码示例

对于一个人的表情，有人说主要体现在两个方面：一个是他的面部表情，就是脸上的肌肉反应；另一个就反映在这个人的语言表情中。

心理解码：很急促地说话，说明内心焦急；说话温和、低沉的人一般比较内向，不会轻易地将自己的内心暴露在别人面前；女性发出娇滴滴的声音往往是想获得异性的青睐。

一个人的语气变化，语速调整，音调高低，能反映他的内在心理变化。

心理解码：内心平静，语气就很顺畅、自然、平和，声音也会比较响亮；如果情绪比较激动，反映在声音上就是急促、激昂、高亢，声音开始往高音走。这是很正常的生理反应。

打招呼是我们日常生活中最常见的一种人际交往行为，这种行为人人都会有，但是人人都不同，从打招呼的方式上就能看出一个人的性格特征。

　　心理解码：经常用"你好"亲切打招呼的人，大多外向、睿智、活泼；而有些人和你打招呼的方式是点点头，同时眼睛一直在盯着你看，这说明对方对你怀有一定的戒备心理。

　　自古以来，人们就似乎对酒情有独钟。喝酒是一种性格，也是一种交流，更是一种文化。酒中自有百花待放，酒中自有个性万千。

　　心理解码：微有醉意，如果他的话逻辑感很强，说明其理智并没受酒精多大的麻痹作用；初醉时，逻辑开始混乱，但理智还占上风；大醉时，无理智可言，逻辑关系混乱，前言不搭后语。

一、透过微语言探视他人内心
——解码微语言

　　语言是一个人心理的直接反应。但语言本身可修饰的特点又让它的欺骗性大大增加，单纯通过语言内容来了解对方的心理变化不能达到真实了解对方的目的，需要不断地从语言过程中透露出来的其他信息加以比对，从而找到我们想要的答案，比如说声音，语速等。

细听语言，可"窥探"对方心理

　　讲话，即语言是人类的特有功能。当然了，随着科学技术的发展，已经有科学家经过系统、严密的论证，得出答案，其实某些动物也是有它们自己独特的语言的。比如说海豚，它们就用声波的方式来传达彼此的信息，也是通过这个方式来获取生活周边的信号。但是这和人类的语言比起来，就显得简单得多，当然这不是指海豚的语言就是低级的，而是从语言本身的角度来讲，这是很简单的一种形式。

人类的语言可以千变万化，我们很难就某一种语言给出一个确定的答案，说这个语言是什么样的形式，有什么很特定的规律，找到这个规律，就能破解语言的密码，从而很快掌握一门语言，这基本上是不可能的，如果是那样的话，外语就不会是很多国家学生的一个学习障碍了。

人类的语言是复杂的，我们可以讲它是深不可测的，但是这并不是说，在面对语言的过程中，人类是无能为力的，毕竟我们一生都在使用它，对它太熟悉了，所以即便很难的事情，也会变得简单起来。比如说同一句话，我们都能从不同的语气得出不同的意思，而不会误将疑问当做陈述。

这就是语言本身的魅力，也是我们为什么能将语言作为探测一个人内心世界的一种依据的基础。不管是多么复杂的事物，只要熟悉了，就能走近它，了解它，从而掌握它。语言也是这样，外国人几乎很少能将学汉语当做一件轻松的事情，但是生长在中国的几岁小孩子就能讲一口流利的汉语。不同的语言环境下，不同的表述，不同的语气，不同的表述内容，不同的语言习惯，都是一个人内心世界的一面镜子，也是性格的一种反应。我们可以将它看做在一个国家生活很久之后，由这个国家长久以来的文化、习俗所产生的一种必然结果。

和一群同事，或者是同学，或者是亲人在一起聊天，这些人中间总是有些人不大喜欢说话，但是另外一些人却总是滔滔不绝，讲个没完没了。我们一般会将话很少的人说成是内向，或者是成熟，或者是城府深，或者是有智慧，如此等等。而一个人总是很喜欢说话，我们就会说这个人可能很外向，很乐观，人缘可能不错。

但是多嘴多舌的结果就是是非可能比较多一点儿。这种人多数我们不认为是很有生活智慧的人，倾向于认为他是很简单的人（如果他的话多是一贯的行为的话），这些只是我们日常的一些猜测，巧的是，这些猜测往往是对的。

这就说明了，即便是不经过认真、仔细的解读，单单是通过日常的积累，也能从一个人的"声音"对他的性格做出基本的认定，而不是茫然无知。最重要的是，我们内心的想法，最多的就是通过语言来表达。讲什么话，就是什么人。

1. 话语中自夸性语言频发

经常我们会听见一些人在大众场合下（这个大众不一定是熟人，但多半不是很紧要的人）对自己的过去夸夸其谈，动不动就是"想当年，我的成绩……那时候，我的工作……当年，我吃得苦那……不然今天我也不可能……"这种人不管是什么民族，什么血型，都会有。

如果仔细观察一下他，或者是由对他很了解的人，就会知道他在讲这些话的时候，其实状况很糟糕，起码和他当初条件相差得很多。他们现在基本上是那种不折不扣的失败者，没有任何的成就可言，这种自吹自擂，自我标榜，而且还是靠着怀旧才能标榜自己的人，多半不愿意面对现实，他们的逃避心理非常强烈，面对自己的现实状况，自己已经无能为力，只能依靠当年的一些微不足道的成就来麻痹自己。其实，那些成就在别人眼里根本就不值一提，但是对他而言，却是生活下去的一种安慰，不然就像找不到生存的意义一般。

但是这类人并不是心里也想碌碌无为的，他们很想有一番作为，很想能称王称霸，但是没有那个实力，也没有取得任何一点儿真正骄人的业绩来。不但有野心，而且对现实有强烈的不满，认为这不对，那也不对，什么都不能让自己满意，他们根本不知道"好汉不提当年勇"是什么意思，其实可能当年也不一定就是好汉。

2. 突然插话或是转换话题

这些人往往以自我为中心。最明显的表现是，大家在一起说话，说得正起劲呢，他突然冒出一些和话题毫不相干的东西，不是为了缓和气氛，单单就是因为他自己想到了，大家在就某一个话题展开热烈的讨论，他突然插进来了，就像是买票插队让人讨厌一样，给人的感觉是很不懂得尊重别人。其实他们不是心血来潮，不是突发奇想，而是自己的控制欲在作怪。他想要起到主导作用，尽管这个主导没有任何实质的意义。如果话题不是按照自己预定的轨道走，他就会感觉很失落，非想要扳过来。这类人是典型的自我中心者，他们的心里很少能想到别人的感受，我行我素，干什么事情都喜欢占据优势。

以上的几个小例子能很好地说明一个问题，声音，或者是语言对于认清一个人很重要，如果能弄清楚这个问题，那么识人的一般学问可能就已经掌握了。

幽默与智慧：不同的幽默反映的内心

聪明的人不一定幽默，但是幽默的人多数都很聪明。当然，我们讲的幽默并不是那种很粗俗的黄段子，也不是老在别人面前讲笑话。如果是经常讲笑话，只能说明一个问题，这个人脑子里的笑话可真多！

一般来讲，幽默是一个人智慧的体现。一个幽默感很强的人更容易取得成功，这一点已经在不同行业、不同类型的人身上得到了印证。

徐文长被认为是我国古代文人智慧的代表。关于他的传说多到我们随便翻开一本名人故事，可能就会看到徐文长的影子。

话说徐文长有两个朋友，张三和李四。李四对徐文长的聪明机智很不买账。一天他对徐文长说，如果今天你能让张三"呱呱呱"地叫三声，那么我就请你吃饭。

他想，这基本上是不可能办得到的，一个大人，谁没事会"呱呱呱"地叫呢，所以这次应该能把徐文长难住。

徐文长把他们两人领到一块菜地里，对张三说，你看，这一片葫芦长得可真好啊，如果拿来做下酒菜，是不错的，多鲜嫩。张三看了看，很纳闷，这明明是瓜，为什么徐文长说他是葫芦呢。

于是他就问徐文长："这明明是瓜，你为什么把它们说成是葫芦呢?"

徐文长回答说："是葫芦。"

张三说："是瓜。"

徐文长："葫芦"，张三："瓜"，徐文长："葫芦，葫芦，葫芦"，张三："瓜瓜瓜"。这次李四再一次输在徐文长的手里。

幽默感是天生的一种性情，而不是后天努力培养的一种习惯，如果你不是很有幽默感的人，没有必要去练习这种感觉。因为先天的有些东西是后天无法弥补的。经过加工的性格不是自己的性格底色。

看似根本办不到的事情，但经过智者的思考，就能用非常巧妙而幽默的方式办成。

幽默感本身是没有局限的，每个人都有，但是它要受到时间和空间的限制。如果能将幽默感适时地表现出来，那么一个人的性格也就暴露无遗了。而且幽默这回事我们经常能见到，很多人都会在生活中时不时地来点儿幽默，不是这样的形式，就是那样的形式，不同的形式就体现了不同的性格特征。

1. 有一种幽默是为了“打破僵局”

这种情况我们经常能见到。比如说别人在拿你寻开心，你又不能发火，这时可能就会有人出来打圆场，打圆场最好以幽默的方式进行。这种人一般反应很敏捷，脑子转得很快，不管遇到什么问题，都能做到随机应变。这个时候如果巧妙地运用自己的幽默来打破这种僵局，很显然，他会成为众人的焦点，这还有迎合别人心理的一种作用，因此可能就会被大家关注。因此这类人一般表现欲望很强，他们很希望自己能成为众人瞩目的中心人物，能够得到大家的承认、注意和认可。

2. 表面是幽默，实则在挖苦

这种人也经常能见到。表面上看起来很不经意，可能好像就是一个单纯的笑话。但是自己的不屑、轻蔑已经完全表达出来了。这类人的典型特征是忌妒心强烈，而且心胸极度狭窄。如果你见到他们有落井下石的举动一点儿不用感到奇怪，这是他们经常干的事情，那种损人不利己的事情，他们干起来津津有味，乐此不疲。就连自己都弄不明白到底是为什么。一般来讲，他们很自卑，这可以解释为什么要做出一些让人不理解的举动。生活态度非常消极，凡事总是不能看到积极的一面，对于别人的成就基本上也是持否定态度，其实根本就不知道这个成就是什么东西，凡事都喜欢否定。对别人吹毛求疵，喜欢挑刺，而且对嘲讽别人有先天的爱好。不过他们内心从来就没有真正开心过。有的人不是用幽默来挖苦别人，而是用来讽刺、嘲笑别人，这种人一般自私自利，而且报复心强，也见不得别人比自己优秀。

3. 有一种幽默是在自我解嘲

这是非常需要勇气的一种行为。一般很少有人能做到对自己进行否定，而且这种方式也需要技巧。掌握不好，只有"嘲"没有"解"了。这类人一般心胸比较开阔，是那种典型的让人敬佩的人。他们不但能够接受别人的批评，而且对这些批评能够做到深刻的体会，并加以反省。如果是自己的问题，就会想办法将那些已有的问题逐步改正。将别人善意的批评看做一种改进的激励，而不是愤恨，愤怒。

4. 有时幽默也只是一场"恶作剧"

这种人我们也经常能见到。这种人典型的特征是开朗、外向。如果你身边有一个这样的朋友，那是一种福气，因为他就像是一个开心果一样，时刻给你带来积极正面的生活信号，而不是沉闷无语。这类人看上去面对什么事都很轻松，不大放在心里，事实上也活得很轻松，他们很热情，对待朋友真诚，性格随和，喜欢开玩笑。

5. 刻意的幽默，是一种迎合的表现

有些人在生活里，其实根本就不是幽默的人，他们的生活态度很严肃，甚至多数情况下是个拘禁的人，很愿意也善于控制自己的感情。但是他们却一反常态地喜欢"装"幽默，比如准备一些搞笑的段子来讲，其实这些段子很单一，在不同的场合反复地讲，反复地讲。他们之所以喜欢那些段子，是因为他们太过在乎别人对自己的态度而已，迎合心理十分之重。

语速与音调：声音的变化反映内心活动

相同的一句话，用不同的速度讲出来，能表达不同的意思，这一点估计没有人会反对。一个人内心的真实想法会很自然地反映在他的讲话方式上，这是不自觉的一种行为，他自己可能是有感觉的，也可能是无意识的。这个是不受自己控制的一种自发行为。内心的真实感受最直接的影响结果就是声音、语言。不同的内心想法有不同的表达方式。

你的老师在课堂上讲课，对某一个重点一再强调，这时他想看看自己的学生是不是已经听懂了。于是他问道："你听懂我说的东西了吗？"

很快，很流畅的一个问句。意思很简单，就是问你是不是已经完全明白了他讲的内容。

但是，如果他的问话是这样的："你—真的—听懂—我说的东西了吗？"

拖长的声音，你是不是会感觉不安？可能老师在上面忙活，你在下面忙活，根本就没有注意到他到底在讲什么东西。

对于一个人的表情，有人说体现在两个方面：一个是他的面部表情，就是脸上的肌肉反应；另一个就反映在这个人的语言表情中。

所谓的语言表情，就是这个人言谈的语气、音调。不是夸张的一

47

种行为，而是一些很细小的反应，很细微的变化。通过他的语气变化，语速调整，音调高低，就能反映他的内在心理变化。如果你对他其他方面的微表情把握得不是很准确，那么注意这个问题就能掌握个大概了。

声音会随着一个人的气而变化。所谓的"气"，我们简单地可以将它看做内心的反应。内心世界有变动，声音自然不会一成不变。

1. 语言的气质

内心平静，语气就很顺畅、自然、平和，声音也会比较响亮；如果情绪比较激动，反映在声音上就是急促、激昂、高亢，声音开始往高音走。这是很正常的生理反应。

如果一个人说话支支吾吾的，就说明他很可能是在撒谎，这是没有底气的一种表现，不诚实；如果一个人很诚信，很少讲谎话，对自己表达的意思没有半点儿虚假，那么预期就会很自然，而且听起来很顺耳，节奏分明，听起来干脆利落，这就证明他很坦然；内心卑鄙龌龊，而且心怀鬼胎的人，一般说话阴阳怪气，有时候可能很刺耳，听不下去，也可能根本就不知所云；内心比较柔和的人，讲话就像是小溪流水一样，缓缓而行，不急不躁，有韵律，不停顿，舒缓有致。

2. 语速的快慢

一个人的说话给人的第一印象是语速。如果不是经过特殊训练的人，这是最自然的语言流露。

语速非常快的人，一般来讲是那种侃大山有特长的；语速很慢的人，多数不善言谈，感觉很木讷。这是正常情况下最自然的一种情况。一般人都在这两种范围内。但在非常情况下，就会发生异变。平时语速很快的人，突然迟钝，结结巴巴，支支吾吾，讲话不连贯，或者是平时讲话很慢，突然口若悬河，长篇大论，就像是长江大河一样，一泻千里，这种情况都是有可能发生的，针对每种不同的情况，就要进行不同的分析。

一般来讲，如果平时讲话比较快，但在某种场合下突然变得缓慢了，不那么快了，半天冒两个字出来，这就说明这个人当时内心充满了不满的情绪，对对方有很强烈的敌意；如果平时讲话速度比较慢，特定的时候，快起来了，这就说明很可能是别人讲到了他的痛处，或者是揭露了他的短处，或者是隐私，或者是缺点，总之是自己的负面信息暴露了，他要为自己挽回颜面，要保护自己的社交安全，那么就会本能地提高讲话的速度，用这种方式来掩盖这些问题。这是自我保护的一种应激反应，其实讲话的内容多数是不可靠的，虚假的成分居多。如果一个人的内心产生不安，就会有这种表现。

所以，如果你是某单位的领导，自己的下属突然出现这种行为，你就要注意了，很可能是他的某项任务，或者是工作没有做好，这是在推脱责任。因为他很恐惧，但是限于当时的场合，根本就没有多余的时间来给自己思考到底该怎么应付，出于本能，就会胡乱说些话来掩饰自己。其实第三个人看得很明白，不过和他讲话的人并不一定很清楚地了解他当时的心理状态。

3. 音调的变化

除了语速，音调也是表达一个人心理想法的特征。音调拉高，就说明他要开始反驳了。转防守为进攻，因为他要用这种方式从气势上来压倒对方。但并不能达到效果，这是自己给自己的一种心理安慰，也是保护自己的一种微表情反应。这也是希望别人能注意自己。比如说婴儿，他如果想要自己的母亲注意自己，就会将哭声放大，尽量地放大。

语言的韵律也是一种心理反应指标。一般来讲，很自信的人，他们的言谈多是肯定语气，不容置疑，但是也表示了固执的一面，不容易听进任何意见；如果很缺乏自信，或者是为人一向软弱，这类人讲话一般会比较慢，甚至是慢吞吞的，让人很着急，不过他们一般做事很稳当，是那种非常成熟的类型。

　　仔细观察，我们便会发现，不同的人有不同的讲话风格，政治家的语气和商人截然不同，科学家和艺术家大相径庭，迥然有异。

二、听懂他人的"弦外之音"
——"天机"由语言导出

听一个人谈话，重要的是能听懂弦外之音。不同的人在不同的场合会有不同的心理，抓住每种场合的不同特点，再根据每个人的谈话方式、交谈特点，做最终的审视和解读。

拿什么拯救你，满腹牢骚的人

不同的人有不同的机遇，人的性格首先是来自于先天，这是不能改变的一个事实，也是一个人性格里面最基本也最难改掉的部分。先天的东西总是在我们身上留下了最深刻的烙印。

在医学上，同样的疾病，如果是后天得的，相比较先天而言，就好治疗一些，先天的显然更为棘手，有的可能无法根治。但是后天得的不一样，有的通过现代医疗技术可以进行彻底治疗。人的性格也是一样，先天的性格是很难改变的，但是后天的养成却是因人而异的，很容易变

51

得不同。

比如说同父同母的兄弟两个，最开始的生活环境也是一样的，大家获得的物质条件、教育条件各个方面都是一样的，没有什么区别。但是再过近 10 年，两个人的性格可能会有不小的区别。按理说，两个人的先天条件是差不多的。之所以有这么大的区别，原因就在于后天的生活环境给予了不同的生活感受。经常发牢骚的人并不是先天就喜欢那样，而是后天的原因所导致。

所以，有的人在说某个人天生就很喜欢发牢骚，其实并没有完全知道这个人的内心世界。兄弟两个如果一个人生活比较顺心，各项生活条件都能达到，学习成绩好，工作不错，收入不错，家庭稳定，那么在现实生活中，你就很难发现这个人有太多的不满，太多的牢骚，或者是基本不会说什么牢骚话。但如果他的兄弟从小成绩就不好，得不到老师、家长的喜欢。进入社会以后，工作一直不顺利，为了生活到处漂泊，即使稳定下来也不能满足物质所需，家庭也不稳定，这样的人多半会牢骚满腹。这就是后天的不同造成牢骚的最根本原因。

发牢骚的原因有很多方面，比方说感情生活不顺心，或者是自己想得到的名利、地位、物质都没有达到自己的理想状态，这时候就会多有抱怨。这是一种社会心理，不单单是哪一个民族的问题，某个国家的特例，人类都是如此。只是表现的形式有所差别而已。

发牢骚浅层次的原因是压抑。心理上的压抑需要找到一个宣泄的路径，很显然自己没有坐上领导的位子，那么唯一的办法就是说出自己的不满，他如何如何不行，自己如何如何比这个人强。事实上是有可能的，但也只是可能而已。因为并没有坐上，还不能得出肯定的结论。这就是发牢骚者的第二个问题，没有真正地认清自己。因为很少有机会让自己真正地了解自己的实力，知道自己是谁。

牢骚从某种程度上来讲，就是抱怨，抱怨就可以看做牢骚的表现形式之一。为什么会有这样的情况出现呢？因为这是推脱责任，总是在说别人不行，而不愿意深度地剖析自己，不承认或者是不想正面地面对自己的问题。所以就将所有的问题说成是别人的问题。这是最常见的一种牢骚。

牢骚满腹的人有一个很相同的特点，也是藏得很深的一个特点：自卑！如果让他们总结一下自己多年来的生活状况、工作业绩，估计自己都不忍心看，根本就不愿意去想这个问题。不愿意承认自己的无能，要找到一个借口来掩盖这个问题就比较简单，反正自己没有坐在那个位子，怎么讲都行，不可能有实现的一天，也就不会证明自己是错的，怎么讲都行。所有不愉快的经历都会变成抱怨，说个没完没了。

这种人不完全是毫无作为的，庸庸碌碌的想法。他们一般不甘于人后，想有一番作为，甚至是大作为，但是因为很多因素，未能实现，可能在可以预见的时间内，基本上是没有实现的可能了，忌妒的火焰开始蔓延，不满的情绪达到了顶点，无力改变，只能图一时的痛快了。

对于牢骚满腹者，他们一般不受别人的欢迎，私底下可能还是别人的笑料，自己也并不是不知道，但是很难管住自己的嘴。尽管有亲人朋友多次劝告，但不起什么作用。他们多数有自闭的倾向，内向居多，也比较自私，一旦别人侵犯了自己的利益，就会引起他的强烈反应。这种人很难有什么良好的办法，去改变这种既成的习惯。

对于牢骚者而言，有一点是例外的，就是对社会不公现象所表达的看法，这种看法与上面的那类人不同。这种抱怨是追求社会公平、公正的一种正义诉求，而不是为了一己之利喋喋不休。这种人一般多数比较简单，属于那种外向型的人，思想不是很复杂，却不是很受别人欢迎。为人也比较固执，他人的看法很难改变他已有的观点。

酒后吐槽，什么人说什么话

酒在不同的国家、不同的民族都有非常热爱它的一群人。我国的酒文化由来已久。一直有"无酒不成席"的说法。酒在我们的日常生活中扮演着重要的角色。尽管它不能算作一种饮料，过度饮酒也不是一种健康的生活方式，但各个大型卖场里陈列着众多品牌的名酒，很多价格高昂，却不缺顾客。

> 对于想在别人酒后获取"真言"者，首先是自己不能醉，其次是对方也不能烂醉如泥，最后还要在他初醉的时候，和他交谈，然后努力、认真、仔细地听他讲的话，这个时候基本上是对方最真实的内心世界的声音，不能因为是酒后之言，不足为信而忽略。

酒，尤其是白酒，它的酒精度数是很高的，对于麻痹一个人的大脑效果很好，所以古代的名医华佗做麻沸散就是受到了喝醉酒的人的启发。但是在我国很奇怪，经常将酒和一个人的思维敏捷联系在一起。比如说古代某某诗人一喝酒就思如泉涌，下笔如有神。灵感和酒精联系在一起，不能不说是一种创造。不管是真是假，我们姑且相信是真的，但是酒精对人的影响，这种正面的效果只是个案，并不能代表大多数。我们经常见到一个人喝醉酒之后胡言乱语，但是从来就没有见过谁喝醉了，还能像平常一样清醒。

对于醉汉，他们讲的话，我们一般倾向于两种态度，一是他们的话根本就不能相信，也有些人知道自己喝醉后经常性地胡言乱语，所以在酒前就告诫大家，"我喝醉之后讲的话，一概不算数，不能当真"；另外一种态度就是全部信任，所谓"酒后吐真言"，认为人在喝醉酒之后，大脑是不受自己控制的，这时候表达的意思是最真实的内心想法，平时因为受到社会各个方面因素的制约，所以一直压制着，这时候喝醉了，正好可以发泄一下了，所以讲出来的就是真心话。所以我们经常在电视剧中看见这样的情节，不管是正方人物，还是反面角色，如果想套一个人的话，最常见的一招就是拉他去××酒店喝两杯，喝着喝着就把他灌醉了，之后就套出了真实情报。其实这是很没有根据的。对于一个人的酒后直言，不能尽信，也不能不信。这并不矛盾，因为要看具体的情况才能下结论。

之所以做出这样模糊的定性，是因为我们首先要对一个人的醉酒状态做出界定。喝一点儿可能是多了，再多一点儿可能是微醉，多得不能再多了，可能就是烂醉如泥了。不同的醉酒状态，讲出来的话是不一样的。不能用同一个标准对酒后的话作出是不是"真言"的判断。还需要具体问题，具体分析。

1. 微微有点儿醉意

这时候最明显的判断标准是看他讲话是不是有逻辑层次。如果他的话逻辑感很强，就说明这个人的理智并没有受到酒精多大的麻痹作用。自己的大脑还是在当家做主的，所不同的是话比平常多了。酒能助兴是真实的，这时候他会神采奕奕地和你说长道短，唾沫横飞，亢奋不已。对于那些平时不经常说话，言谈不多，城府很深的人来讲，这时候的反差是最大的。他很愿意和你聊天，聊一些平时可能不会触及的话题。所以如果你想和他聊什么，这时候是个很好的时机。但是不要试图去获得什么，或者是试探性的意味很强。因为这个时候，是他的理智在控制着他的思维，只是稍微兴奋一点儿而已。所以对他讲的话并不能当做"酒后吐真言"，要有所选择，这时候你得到的信息可能比平时多，但需要甄别，要有一个去粗取精、去伪存真的过程。

2. 初醉

这就是酒意更进一步了，有点儿醉意。酒精的麻痹作用开始显现威力，他的理智开始不受自己大脑的控制，讲话的内容有些是没有经过大脑加工的。这时候他的话一般会很多，如果你中间打岔，或者是你想讲点儿什么，都很困难，只能听他一个人讲，很亢奋，表情看上去一本正经，没有半点儿马虎的意思，态度很肯定，斩钉截铁，而且似乎显得很神秘，即便是没有讲到什么多么神秘的内容，也要制造出神秘的气氛来，希望别人能认可他讲的话，不容许别人讲他的不是，不过这个时候，他的理智还是占上风的，逻辑开始混乱，但是合理。没有前后打架的情况出现。这个时候谈话的内容逐渐开始接近一些他平时最内在的想法，或者是平时不会讲出来的东西，现在会有所表露，能够比较真实地表达自己的内心世界。所以这个时候是获得真实信息的最佳时机，不可错过。

3. 大醉

初醉过后就是大醉。这个时候人已经没有什么理智可言，最明显的表现是逻辑关系混乱，前言不搭后语，刚刚说过的话，会重复很多遍，对于这时候的话，可以概括为"有内容，没思想"，所以已经过了获取信息的最好时机。再往后就是沉醉了，是那种不省人事的醉，多半要倒下，即便是硬撑着，一时没有倒下来，也语无伦次，讲出来的话"没有内容，没有思想"，除了"呜呜"声，基本上没有什么内容了。所以我们经常在电视剧里看见将一个人灌得烂醉，之后再去盘问信息，其实是没有道理的。

如何捕捉语言中的撒谎信号

生活中充满了谎言，在人类学会说话的同时，就学会了撒谎。这个问题讲的不单单是别人，我们自己也是这样。在交谈的时候，多数情况下我们会撒谎，而且对于不少谎言没有丝毫的不安。小到一些胡编乱造的信息，大到一些弥天大谎，经常会出现。这是不可避免的事情。我们也不敢想象，如果人类没有谎言，将会是怎样的一幅画面。比如说你长得实在拿不出手，别人就照直说了，你会是什么反应。回敬他估计也是必然，要么这个一直讲真话的人在人类没有办法生存。

马萨诸塞州大学教授罗伯特·费尔德曼曾经做过一个实验，他发现参与实验的人，有60%的人在十分钟的交谈中，撒谎一次，更多的人撒谎两到三次。

这就是说，我们在不经意间撒了谎，可能就是无意识的。在这个问题上，男女并没有什么不同。大家都在撒谎。

有时候，我们可以将撒谎看做保护自己的一种行为，这是很多人撒谎的一个原因，另外有些情况可能是因为社交的需要，比如你不得不对一些自己不喜欢的人说好话，因为大家都是这么做的，即便有些人不喜欢你，也极少会当面指出这一点，否则的话，不但是你不会原谅他，而且别人也会认为这个人践踏了社会准则。

　　撒谎的人在进行这个行为的时候，和正常说话是不一样的。有些比较明显的信号，我们仅仅凭借日常生活的一些积累就能一眼看出来这个人在说谎。但是并不是所有的信号都能依靠日常经验就可以完成的。同时，尽管我们自己已经习惯了撒谎，但还是不喜欢别人经常对自己撒谎，所以就想尽一切办法来看透对方，希望得到真实的回应。这就需要看透撒谎者的一些细微的信号。通过这些，就可以判定他是不是在撒谎。

1. 眼神的反应

　　首先是眼神的反应。通常的看法，我们会认为一个人如果眼神游移不定，目光转移就是撒谎，因为我们会假定这个人在撒谎的时候心虚，所以眼神就会出现逃避行为，会内疚，故眼神就会看向别处，而不是当事人。但事实并不是这样。有些撒谎的人的确会出现眼神漂移的情况，可是有些撒谎的人会盯着当事人看，凝视的出现有一种控制对方的效果，他是想用这种方式来告诉对方，自己讲的是真话。

　　另外，你知道别人撒谎可能会有眼神漂移的动作，那么撒谎者也可能了解这个，所以就会本能地做与之相反的动作，来证明自己是诚实的，所讲非虚。并且，转移视线有可能说明他在思考，这时候可能是一种自然反应，而不能说明在撒谎。所以眼神方面要注意的是，他盯着你看。还有一个被误解的撒谎动作就是眨眼过快。通常情况下，一个人正常的眨眼频率是每分钟 20 次，但是当他大脑处于高度思考状态，或者是神经过于紧张，压力很大的时候，也会有眨眼频率过高的情况出现。所以，如果他眨眼过快，频率过高，不一定就是在撒谎，也可能是他感觉到面对的压力很大。

2. 一些看似不经意的小动作

　　除了眼神的表露外，撒谎者还会有一些其他的配合动作。这些动作就能比较明显地说明这个人到底是不是在撒谎。

通常情况下，一个人撒谎次数的多少与他的撒谎心理成熟度并没有太大的关联，最重要的是他所撒的谎是不是关系较大，影响较重。也就是说这个谎言是不是很紧要。如果是很紧要的谎言，即便是一个人经常撒谎，当他第一次撒一些大谎，也会很紧张，这时候他会很不安，很焦躁，手部会出现一些很不自然的动作。比如他可能无意中搓自己的手掌，或者是挠挠头皮，还有可能摸头发。如果这个人经过很多次类似的事情，他就会很适应这种行为，也就是说，他已经知道人在撒谎的时候会有一些手部的动作，而且心理素质也变得更好了，所以当他在撒谎时，表现的不是更不安，而是更安静。比平时安静。如果出现这种情况就说明他在撒谎，而且已经是撒谎的高手。

眼神和手对撒谎者而言，时间一久，就能处于他们自己的思想意识控制下，所以单从这两个方面进行分辨，难度会比较大。不过除了这两个部位的一些细小动作外，人身体的其他部位在撒谎的时候，也会有些很细微的反应。比如说脚，还有腿。一般这个时候人的双脚或者是腿会有一些很细微的动作调整，这个调整当事人自己是不知道的，属于纯粹的无意识动作。这个很小的动作就能出卖他们。

撒谎者在撒谎的时候，会经常出现一个动作，就是用自己的双手捂住自己的嘴。这个动作多数情况下是不自觉的一种行为。他是希望用这个动作来掩饰自己撒谎的事实。对他们自己而言，这样做仿佛更有安全感。除了摸嘴，还有就是摸鼻子，这一点在男性身上体现得比较明显，因为据科学家研究证实，男性在撒谎的时候，鼻子里的一种物质会产生反应，结果是撒谎者感觉鼻子很痒，忍不住就要去摸摸。对于女性而言，她的动作可能不是摸鼻子，而是摸下巴或者是脖子，这些都有可能。

从打招呼的方式看性格特征

打招呼是我们日常生活中最常见的一种人际交往行为。这种行为本身还能被认为是友好、开放、接受的态度。如果你碰见一个人冷冰冰的，想想看，你会有什么样的想法。神经病吧他！所以对于成年人而言，打招呼是一个非常普遍的行为，每天都会进行。

早上来到单位和同事们说声早，下班后"拜拜"，这些都是很常见的事情，也是很符合社会交往规范的。并且出现的频率很高，人人都会有，但是人人不同，而且从打招呼的方式上可以看出这个人的性格特征。

1. 留意距离

人和人的距离是很有讲究的，尤其是在打招呼的时候，如果我们能察觉出彼此的距离，就能很容易摸清对方对自己的态度，以及他的性格倾向。比方说你和某个人打招呼，这时候他却故意地退后了两三步，对你而言，这是什么信号呢？你可能在想，这家伙真不礼貌，我和你打招呼，你离我那么远，我又不会吃人，干吗那么冷漠。所以，一旦出现这种情况，他就会给你留下很不好的印象。对他而言，可能他认为这是谦虚的一种表现，是自己退后，而不是盛气凌人。不过这种行为如果用到社交场合，就会被认定为不礼貌。

有意拉开彼此的距离，表示的意思是戒备、疏远。如果是无意识的行为，就意味着对方潜意识里想要避开你，远离你，同时希望在彼此的关系上找到优势心理，给你一种心理压力，让你首先在心理状态上就处于劣势。

2. 微点头，目光紧跟

有些人和你打招呼的方式是点点头，同时眼睛一直在盯着你看，这说明对方对你怀有一定的戒备心理，同时他也想在彼此的关系中占据优势的主导地位。他的眼睛一直盯着你的眼睛，说明他在推测你的心理动态，想了解你在想什么。

和这种人打交道，不应该过于急切，如果想要有一个比较不错的关系，那么就需要循序渐进，而急不得。要保持你的诚意，如果一旦急切，对方很可能会看到你的缺点，这时候他可能就会看不起你，从而产生反作用。

3. 目光不予直视

和上面那种人相反，有的人打招呼一直都不看对方的眼睛，虽然你在看他的眼睛，希望得到一个正面的回应，但是始终没有得到。有的人认为这是对方的一种傲慢的态度，其实并不是这样，恰恰相反，这是对方有很深的自卑感的原因，要么这个人可能非常胆小，如果你的动作有点儿过激，很可能就会将对方吓跑。

所以，和这种类型的人打交道，要注意保持一颗平常的心，要平静地对待他的一些不被常人理解的反应，平等地看待彼此的关系，这样就比较容易地建立起关系。

4. 陌生人过分热情地打招呼

有的人和别人第一次见面就像是很早就认识的老朋友一样，很随和地上来和你打招呼，很随便自然，别人对这种情况并不一定马上就能接受，所以经常会有被吓一跳的感觉，起码心里也感觉有些不舒服。对于女性，如果出现这种行为，是因为他们想在彼此的关系中建立起比较有利于自己的地位，对于男性，如果见到女性就很随意地上前打招呼，那么女性朋友要注意了，他们和女性不一样，这种人一般以浪漫多情自居，而且有不少这样的男性是游手好闲者。

5. 熟人生分、冷漠地打招呼

有些人和自己的熟人，甚至是朋友打招呼千篇一律，虽然很熟了，但仍然是老套路，这种人一般自我保护、自我防卫的意识很强烈。还有些人在接受礼物时也会表现得和多数人很不一样。

比如说你给他送了一件礼物，如果是平常人在办公室见到了，对方可能会说，真谢谢你的礼物，我很喜欢！但是这种人不一样，明明他接受了你的礼物，却在办公室有人的时候，仍然很冷淡地和你说，"早啊！"没有人的时候，他才过来对你讲，"你的礼物我已经收到了，谢谢"。和这类人说话，以及其他的交往不能太随便，尤其是在比较正式的办公场合，与工作无关的事，尽量不要讲。否则的话，可能会引起他的反感，以致出现不必要的不愉快。可是有的人却不一样，他们在工作的时候非常认真，正儿八经，一直都是那种很专业的姿态，但是一旦下了班回到家里，就没日没夜地玩麻将，这类人一般表里不一，而且极为重视自己的名誉。

6. 打招呼的微语言习惯

不但打招呼的方式能反映出一个人的性格来，打招呼常用到的一些话，也能反映出一个人的心理以及本质的性格特点。

经常用"你好"打招呼的人一般做事认真，很勤恳，理智，很少有感情用事的时候。这种人一般深得身边朋友熟人的信赖；经常用"喂"的人，一般比较外向，很活泼，喜欢被别人爱慕追逐，心思很简单，富于幽默感，创造力方面有不俗的表现；经常用"嗨"的人，他们很热情，多数情况下，都很讨人喜欢，但是很害羞，总是担心自己做错事，所以不敢做出太多新的尝试，多半多愁善感；"过来呀"这类人很喜欢冒险，不过也能从每次的失败中吸取经验教训，做事果断，喜欢和别人分享自己的感情和想法；"你怎么样？"这种人很容易辨认，他们最突出的特征就是喜欢出风头，他们能利用各种机会让别人注意到自己的存在，很自信，却经常迷惘，做事有始无终。

谈话方式反映人的性格特征

谈话的内容尽管可能是完全一致，表达的意思也可能完全一样，但是经过不同人的嘴，它的表达方式就会有很大差别。这是个人的喜好问题，也即每个人的不同习惯。这个习惯正好就折射出了一个人的性格特征。

同样一件事，有人喜欢倒着说，有人喜欢顺着说，有人两头开花，有人从中间开始讲起。不同的方式，其实就是不同的人生。

在不同的谈话中，不同的内容表述中，有两种表达方式最能引起我们的注意，一类是喜欢引经据典，找典故；另外一类是喜欢以自我为中心。这两类人具有非常明显的个人特色。

> 一个真正的管理者，发言应该是言简意赅，简明扼要，条理分明，逻辑严谨，层次清楚。而不是那种冗长的没有任何作用的废话。

1. 看透喜欢引经据典的人

这种人给人的感觉首先是权威。这也是他们自己想要达到的效果。所以这类人就是那种权威主义者，不容侵犯。引经据典在聊天中的另一个叫法是借用语，就是用别人的话来表达自己想要讲的意思。这种人有很强烈的个人表现欲望，也有出风头的潜意识，而且他们希望通过借用语的方式来表达自己高人一等，尽管这种方式并不是总能奏效。其实很容易理解，如果不是在专门的学术讨论会上，而是普通的聊天、谈话，你经常使用别人根本就没有听过的一些名言警句、俚语俗语、谚语一类，这种东西可能你自己是理解了，但是别人听到后如坠云雾，不知所云。

这种经常用经典进行谈话的方式是给自己加上一层保护膜，是一种掩盖自己缺点的表现。原因很简单，他是想借用这种方式来增加自己说话的分量，同时，如果经常能用到一些名言警句、俚语俗语，好像是自己见多识广一样，那么就能在无形中提高自己的身份，而且也想扩大自己的影响。其实他不知道这只是一个个人习惯而已，可能在座的人有比他知道得还多的，只是因为不喜欢这样才不去说，而是用更加口语的方式进行聊天。

2. 把"我妈妈说……"常挂嘴边的人

有些朋友的借用语不是名人的，也不是什么地方的谚语，或者是俗语，而是自己母亲的话，动辄就是"我妈妈说……""我妈妈说……"，这类人的依赖心理很重，即便是成年了，也还有很强烈的依赖他人的想法。他们的精神世界还在自己母亲的怀抱里，精神上并没有长大，给人一种非常幼稚、乳臭未干的感觉。

3. 硬插话题，喜欢"我讲你听"

这种比较极端的类型往往严重地以自我为中心。这类人在交谈中最明显的表现是只能听他一个人讲。我们在对一个人的言谈方式进行分析的时候，不单单是从他的谈话内容了解到一些有用的信息，也能从这个人的谈话方式出发，考察他的性格。因为一个人深层次的欲望不单单是隐藏在彼此的话题中,也隐藏在他进行谈话的开展方式上。

可能我们多少都有过这样的经历:一些朋友聚会,大家在一起聊一个话题,很开心,场面也很热闹,但是这时突然有个人说了一个完全不同的话题,跟大家正在讲的内容风马牛不相及。他讲这个话题的时候,根本就不顾别人在说什么,也不管是不是已经打扰到别人正常的谈话秩序,就那么硬生生地插一杠子,给人的感觉很突兀,可能大家一点儿思想准备都没有。这种转移话题的方式几乎让所有人都感到很不舒服,甚至很讨厌。

要么这个人好像是脑子一时间不受控制了,谈话的时候东讲一句西讲一句,反正听他一个人讲就对了。变换话题比变脸快多了,别人感觉非常莫名其妙,但是他自己好像很享受。这类人的支配欲望和表现欲望很强,他们总是认为别人应该听自己的,基本上很少有将别人放在自己眼里的时候,他认为自己就是对的,别人就是应该听从自己的,我行我素。

一般我们在单位开会,领导可能会讲得更多,员工相对来讲发言的机会就少得多,但是一直在上面讲的领导并不是很常见,尤其是在企业单位,多数情况下都不是领导或者是部门主管一个人在那里没完没了地讲,他也要听听其他员工的看法,尤其是在一些项目问题上,或者是针对某个管理问题提出一些看法的时候。

但是,有些领导一旦坐在开会的发言席上,基本上别人就不用讲了,听他一个人的就够了,尽管他也知道底下睡倒一大片,他也不在乎,尽量多讲,讲完,就散会。他这样做的目的不是在强调什么问题,而是担心自己的权力旁落,担心这样的场合主导权会落在别人的手里,这类人不管是在什么情况下,自始至终都喜欢占据有利的优势地位,为了这个地位会采取很多别人不会做的方法。其实他的谈话内容支离破碎,不成体系,没有任何实质性的内容可言,就是胡乱拼凑的内容。

如果一个领导者能做到发言时言简意赅等要求，而且也能给别人适当的发言机会，认真听取别人的意见，懂得倾听，那么从性格来讲，这样的领导比较善解人意，很宽容，是个真君子。

称呼中体现的心理距离

称呼是人和人之间进行交流的一种符号性桥梁，同时也是一种标签，贴上不同的标签，不同的人之间就会有不同的关系界定。父亲叫自己的儿子就是"儿子"，这不单是对晚辈的一种叫法，同时也是一种比较亲昵的称呼。有的子女叫自己的母亲"妈妈"，有的则叫"老妈"；在两口子之间，称呼的复杂性就更多，丈夫称呼自己的妻子可以是"老婆"，也可以是"家里那口子"，还可以是"孩子他妈"，再有"太太"，古人还有更加正式的叫法——"夫人"。不同的称呼表达了不同的含义，虽然表面意思看起来是一样的。

我们将称呼进行界定，目的是从这个称呼上划出两者之间的心理距离，从而认定亲疏程度。比方说妻子称自己丈夫也有很多种不同的叫法，在外面和别人聊天的时候，可能是"我们家那口子"，这是很随便的叫法，一般在非正式场合都可以这么说，尤其是在熟人但不是亲人面前都是没有问题的，当然，一般的亲人面前也能这样说，但很少。这种说法没有太多的含义，就是一种很直接的叫法，两人的关系没有十分亲密的表现，但也不赖。在稍微正规一点儿的场合，可能会说那个是

"我丈夫"，这就是简单的一种指代，是对两人关系的一种说明，一种很直白的陈述语句，没有什么感情色彩在里面，从这句话我们不能猜测两人的关系到底如何；有些时候，用到的可能是"孩子他爸"，这就是很亲昵的一种叫法，是两个人之间的一种默契，也是对对方的一种特殊称呼，从这个叫法中，我们就能很明显地感觉到两个人的关系是不错的，肯定不是在冷战；有些时候可能就会直呼其名，"×××，你死到哪里去了"，这种叫法就略带怒意，有点儿不太高兴了，如果处理不好，后面是否会爆发战争都很难说。

在日常生活中，人跟人之间理论上来讲都是存在称呼的，极个别的时候，我们可能会用到"唉，我说……"或者是"喂……"任何人之间的关系很复杂，很难在非常短的篇幅里作出很明确的分类，但是我们还是可以将一些常见的分类归纳一下，从这些例子来看看称呼和关系之间的关系，以及心理距离的问题。

1. 称呼中带着职称、头衔

第一种是上下级之间的关系。比方说我们称呼对方为×××先生，或者是"×××科长""×××部长"一类，这是对官员官衔的一种称呼，就是一种很简单的陈述，有尊敬的意思在里面，不过这个已经可以淡化不提，基本就是为了一种规则，那么叫就对了。如果是领导和下属一起去外边玩，或者是一起出去吃饭、喝酒，这就是比较轻松自在的场合，但是对领导的称呼一般没有人会想着改一下，领导一般会直接叫下属的名字，或者是干脆就是"你"，简单明了。同事之间或者是级别相同的情况下大家互相称先生，以示尊敬。这种叫法，不管是上下级之间，还是同级别的同事之间，心理距离是很明显的。

2. 直接叫外号

一些朋友间开玩笑起的一些外号，或者是叫作"小张"、"小李"、

"小王"等。这种叫法一般表示很亲密的关系，不一般。男性叫比自己小的女性为"小×"，这是很常见的事情，在姓名前面加上一个"小"字是一种普遍现象，但如果一个女性称呼一个男性为"小×"，那么这个关系很可能就不一般了。

3. 直呼其名

第三种关系是存在于男女恋人关系中的直呼其名。一般来讲，女性如果和男性的关系没有达到一定程度的时候，会叫"×××先生"，但是一旦关系非常亲密以后，尤其是两者确立了恋爱关系，那么女性一般都会改口，直呼其名，这是亲密的一种表现，男性如果改口称呼女性的名字，一方面有亲密的表现，另一方面从男性的角度来讲，有把女性一方当做"自己的人"的感觉。

4. "您"与"你"

对于"您"这个字眼，一般是在初次见面，或者是见面次数不是很多的情况下才会用到，这是很典型的社交礼仪用语，表示对对方的尊重，也是维护自身形象的一个语言表现，但如果交往很久了，还是叫对方"您"或者是"你"，这就是可以拉开彼此距离的一种表现，"你是你，我是我"的意味很强烈。

5. "那个"或"那谁"

这个称呼也是出现在夫妻关系中。一般有些老年的男性，而且相对比较害羞的男性会喊自己的妻子"那个"，这个意思类似于"那谁"，这是很私人的一种称呼，只是在两人之间使用。

我们讲的这些称呼，只是平时称呼中很少的一部分，更多的部分表达意思的实质是一样的，不同的称呼，有不同的含义，不同的用处，如果我们知道这些，可以尝试着改变之前的一些称呼，改为比较亲昵的称呼，这种改法可能会对促进彼此的距离有作用。

张口闭口之间暴露你的内心

嘴在日常生活中最能表现出一个人的基本修养。一般来讲,年轻人多数倾向于多谈多说,而年纪稍长的人就不会。中国人在接人待物方面历来主张的是低调做人,所谓祸从口出说的就是这个意思。少说话多做事是长辈在晚辈入世前经常会叮嘱的一个内容。其实不单单是从年龄上来说,不同的人倾向于多表达还是多听,对于不同性格的人来讲,在言谈方面也会表达出很多的不同。

语言本身是为了表达内容,传达信息而存在。同时,语言也能起到很好的释放压力的作用,比如说你有一段时间心情很不好,压抑得厉害,那就不妨找几个关系非常不错的朋友,聚在一起多聊聊,山南海北地聊,无所不谈,不一定要讲自己的烦心事,聊过之后,这个压力就会在无形之中获得释放,人好像也解脱了很多,至于为什么是这样,目前心理学家也不能给出很完美的答案,但它的功用的确是已经得到了一致的认同。其实对于讲话还是闭嘴,这里面的学问并不是我们想象的那么简单。即便是讲话,也有真有假,不可全部当真。

首先是谈话的礼貌问题。在日常生活中,我们都认为一个人的礼貌是非常重要的,所以在孩子很小的时候,我们就让他学着尊敬老师、家长、同学,尊敬身边的每一个人,学会礼貌接人待物,这一点通常被认为是金科玉律,绝对正确的。但是,在实际交往的过程中,我们要客观地分析。回头想想，你对哪些人在讲话的时候会很礼貌呢？一般有这样两类人，陌生人或者领导，长辈。

而如果是你的平辈朋友，并且关系很亲近，通常来讲，在聊天的时候，我们是不会那么讲究的。因为既然是好朋友，那么就不需要那些虚东西了。因此，如果你熟悉的一个朋友在和你谈话时，突然变得很有礼貌，这时候我建议你不要往正面去想，一般来讲，出现这种情况的可能有以下几方面的原因：一是你们两个人之间的关系变得疏远了，只是你还不知道而已；一是对方内心觉得你这个人很不值得交往，甚至在他的心里可能会很鄙视你，蔑视你，还有可能就是嫉妒，因为你们两人的地位或者其他方面有一定的差距，你的成就略高于对方，这个时候对方和你讲话时可能会突然变得很有礼貌。

沉默，有时候被认为是在人际交往过程中最好的法则之一，如果你想在人多的场合不犯错，那就少说两句话，或者不要说话，这样基本上就不会出现问题。但就当下日益需要交际这种技能的社会来讲，沉默并不适合所有场合，而有一点我们需要明白，适当的时候，多说一点儿，可能会有很好的效果，尤其是有领导在的场合，如果你闷不做声，很可能会被认为是小心翼翼，没有经验，缺乏锻炼，工作能力不够，等等。所以，这种沉默是金的说法是否还能在今天被过多提倡，已经得到越来越多人的质疑。不管这种质疑是不是正确，和我们的关系都不是很大，我们需要关注的是，沉默到底说明了什么，沉默者的内心是什么样的状况，这个才是我们微表情要探讨的问题。

一般来讲，沉默是一种抵触情绪的表现。这种抵触情绪有时候代表的是否定的想法，有时候是深思的表现。如果是抵触的话，沉默者多数嘴角会伴随上扬的动作，这是极微小的一个动作，也就是我们日常讲的"撇嘴"；如果深思，一般都会伴随有眼神的流转，脸色相对比较凝重，没有太多表情，看上去好像是冷若冰霜，其实这倒并不是他在否定你，而是在思考一种观点或者是一种行为的可靠性。他要自己作出判断，而不是跟着你的思路走，这种人一般都不会在人多的场合有过多的言谈，而且较内向，不过，这种外在的表现并不是他的全部，如果和他有很亲密的接触的话，就会发现，这类人在日常生活中有一个拳拳的赤子之心。有时候表现得很单纯，和在人前简直就是两个人，两种完全不同的性格，有点儿让人猜不透。

有的人和你交谈的时候，一直都不怎么说话，但突然之间，你一点儿准备都没有，他变得很健谈，而且有抢话讲的表现，这说明对方要发表自己的看法了，要讲什么呢？一般和你之前讲过的内容是毫无关联的。简单地说，他要转移话题。这种突然变得很健谈的举动可以被认为是阻止别人讲话的行为。要么是你的话题太无聊，要么是你讲的内容对他而言太敏感，很可能是勾起了对方负面的回忆或者是思考，为了保护自己情绪，他就会站出来阻止你的谈话。

不同的人在讲话时会有不同的表现。有时候我们和阅历丰富的人聊天会觉得很轻松，发现他所谈的内容都是自己感兴趣的。其主要原因是在与他讲话几分钟之后，他能基本上判断你是什么样的类型，有什么样的性格，甚至有什么样的阅历，而且不会有方向上的错误。也许这个人对微表情并不了解，但因为掌握了讲话的艺术，所以做到了这一点。

不管你是什么类型的人，张口闭口之间，总会把自己暴露无遗；尽管你很想隐瞒，但总是无法修饰，欲盖弥彰；即便是一言不发，也能够彰显自己的魅力。而这一切，都在张口与闭口之间。

三、说话习惯反映个人特征
——对"习惯用语"的心理解码

每个人都有自己的习惯，每个习惯背后都有自己的故事。语言习惯反映的就是一个人的性格底色，这些特点是在不经意间养成的，也是在不经意间表露出来的，表现的就是我们内心最真实的一面。

不同"口头禅"的心理解码

口头禅几乎每个人都有，只是用的地方不一样，用的对象可能也会有差别。这是一个人长久的习惯，习惯表现在语言上是一种本能流露，有时候我们的一些口头禅自己是知道的，比方说有的人喜欢用"真是的"，有的人喜欢说"可以，可以"，有的人则习惯于骂人，其实并不是骂人，而是一种长久的习惯使然。

不同的口头禅表达的意思不一样，表现的个人性格也不一样。每个人的性格差异很大，从男女的角度来讲，不少男性，尤其是年轻一点儿的,他们的口头禅有很大的一致性,而且多数人喜欢用骂人的方式作为自己的口头禅,这是一种社会现象,而不能具体到每一个人的头上。可能是社会风气,也可能是一个地方的习俗,还可能只是一阵风,过去了,就改变了,保存不了多长时间。这种普遍性的口头禅,尤其是社会色彩很浓重的,一般能体现出一类人的性格,表现他们的心理状况。不过我们要研究的还是具体的,能体现个人色彩浓厚的口头禅。

有些人在讲话之前会很习惯地带上一句"所以说……"这类人一般很喜欢将自己之前讲过的话做多次强调、重复,然后做一个结论性的陈述,这种人很自然地认为自己比别人有先见之明,能够比其他人看得更远,望得更高,因为一开始他们似乎就知道了事情发展的方向,弄明白了所有的事实。不过事情并不是像他们想象的那样,这只不过是一相情愿而已。而且他们有个很明显的特点,在说话的时候,如果有人对之前的事情做出一个结论性的说明,他很快就会在旁边补上一句"我之前不是说过了吗",然后再洋洋得意地补充一句"我早就知道事情会是这样的",完全不顾及别人的感受。

他们很少,或者是几乎不会说,嗯,是的,你讲得对,我跟你想的一样。因为这样的话,就显示不出自己高人一等的感觉来。他们总是认为自己已经完全了解了事情的来龙去脉,已经完全掌握了事情发展的趋势,事情动向,根本就不可能出现自己预料之外的情况。这类人最明显的特征就是喜欢邀功,认为所有的事情都是自己搞定的,也只有自己才能搞得定,别人都不行,傲慢无礼,目中无人。他们几乎会把所有的功劳都揽到自己身上,别人永远只能当自己的绿叶。

有些人则经常说"我妈说……"这几个字在他们的字典里经常出现,而且频率非常高。比如大家都在一起讨论一个人,这时候轮到他发表意见,他可能会说:"我妈说这个人很可靠,也很老实",他就是不说，自己认为怎么样。很多事情，尤其是需要下结论的问题，或者是需要引用一些例证的问题，经常将他妈妈的话挂在嘴边。这种人是典型的幼稚型，心智还没有成长起来，对于事情的判断力一直都停留在自己母亲的那些说教上，他们有很深的依赖感，这个依赖感不单单是对自己母亲的依赖，还有对身边朋友、熟人的依赖，他们没有完全成熟起来，思想还不独立，或者是根本还没有意识到自己需要独立。这类人的个人性格一般还没有完全建立起来，也就是说还没有形成个人独立的人格，可能经过几年，你再见到他，就会是另外一个人了，原因很简单，之前还是个孩子，现在成长为一个独立的成年人了。

有的人在谈话过程中频繁地用到"但是"这个词。这类人我们经常能见到，可能目前你身边就有这样的人，还不止一个。这是一个转折语气，你认为对方的话讲得不对，或者是你认为事情并不尽然如此，可能还会有些别的情况，都会用到这个词汇。这本身没有任何问题。就是转折连词。不过有些人却用得太频繁了，因为他不管是碰到什么类型的话题，不管别人讲的是什么内容，他都会用"但是"这个词作为自己的开场白。

不过，你要是仔细听听，就会发现很有意思，按照我们正常的逻辑思维，"但是"后面的内容应该是否定之前的内容才对，也就是说对之前的内容表示不认同，或者是做相反情况的一种补充，他不是，他的"但是"后面的内容和别人讲的内容基本一致，或者是完全一致。只是换了一种说法。之所以有些人会有这样的情况出现，是因为他们不想单纯地扮演倾听者的角色，而要作为一个被别人瞩目的定位出现在大家面前，他想让自己成为话题的核心，想让自己成为焦点。潜意识里，他们有攻击别人的想法，喜欢贬低别人，用贬低别人的方式来抬高自己。

有的人倾向于认可对方。他们在谈话中就经常说"嗯，你讲的是对的"或者是"对啊，就是这样"。这样的说辞一般很容易让对方接受，因为这是对他的讲法表示认可，进而也就是认可了这个人。

这类人有一个比较典型的特征：人缘好。他们不会强迫任何人认可自己的观点看法，也不会将自己的任何观点强加给任何人，他们能通过将心比心，体会别人内心的感受，所以他们不是那种很要强的人，也不是自我意识很强烈的类型，个性随和，故朋友多，也就不足为奇了。

喜欢用第一人称的人是什么心理

语言是体现一个人素养的最基本的组成部分，也是我们对别人有最初看法很重要的一个衡量指标。一个人的语言表达，首先是思想的体现。先有思想，然后才能有语言。所以一个人的语言基本上就是一个人整体素质的表现。我们的教养、学识、阅历都在里面了。不同的人，有不同的表达方式、表达技巧。不同社会阶层的人他们的语言差异就十分明显。政治家有他们的一套，商人有自己的一套。不能说哪个更好，恰恰是这种差异为我们查看一个人的内心世界提供了可靠的资料。

不同的语言表达，不同的人生性格，仔细聆听，细心辨别，就能发现各种奥妙。有时候，我们可以将语言看做是表现自己的一种手段，不管是什么类型的人，都会使用语言来表达自己内心的感受。不同的语言风格在不知不觉中就将一个人内在的性格暴露出来，最深层的世界展现在我们面前，当然这需要我们能够把握得住，能够捕捉到最有效的信息。

有交流就会有称呼，这个我们在前面已经说过了，不同的人，我们给予他不同称呼定位。尽管种类很多，但要将它简化，也只能简单地简化为三类：我，你，他。三种不同的人称，经常在谈话中用到。

不同的人，在聊天的时候，使用几个指代称呼的方式不尽相同。比方说有些人很喜欢在谈话中使用"我"这个人称。如果你经常看报，就会发现，很多商界精英，或者是学界翘楚，他们在和别人谈话的时候，用到的人称中，"我"出现的频率非常高，较之一般人而言要高出很多。

如果留意这些人的谈话，你可能会发现这些人每讲一句话或者是三两句话，总是会带出一个"我"字。这个字我们看到并不觉得奇怪，为什么呢？因为我们在潜意识里已经默认他们是不可替代的，是那种有着非凡能力的人，这种人如果强调自己，那是应该的。不过，如果我们和自己的一帮子的熟人、朋友在一起聊天，动不动你就讲"我"，时不时地来个"我"字，这样的聊天方式估计你的朋友们会很不习惯，时间长了，这些人可能都不愿意和你再坐在一起聊天、侃大山了。

语言里经常出现"我"字，是极度自信的一种表现，有时候可能会被别人误认为是自我膨胀。这种人一般自我意识、自我欲望很强烈。当然，经常讲"我"也并不是功成名就者的专利，年轻人一般在谈话中也会经常提到"我"，经常用第一人称和别人说话，这是每个人都可能会经历的一个过程，但是随着年龄的增长，阅历的丰富，慢慢地，这个"我"出现的频率就开始降低，到最后，基本上就不怎么提了。这是社会普遍认知的一种妥协，也是对自我的一种妥协，因为自己已经对人情世故有了更加深刻的体会，知道这样张扬的表现一定要有相应的支撑，如果没有不但得不到别人的认可，而且还会让人讨厌。

讲我，就是在突出自己。其实我们在生活中都有突出自己，提高自己的，让自己处于优势地位的潜意识需要。这是一种精神上的自我需要与满足。比如说我们经常会和别人讲"我跟你说……""我告诉你……"这些都是在不经意间突出自己的一种表现。更为严重的情况就是开口闭口都是"我"，这类人眼里多数时候只能看到自己，或者是将自己的地位摆得很高，有一种凌驾于别人之上的优越感。

我是单数，表达的主体就是自己。与此相反，有些人很喜欢讲复数的"我们"，而不是单数的"我"，这种人一般比较受人喜欢，这种表达方式也能受到别人的认可，起码不至于发生一些不愉快的事情。但是他们一般附和心理很强，没有主见，不敢担当，他们基本上埋没在人海里，如果不留神很难发觉他们的存在，这也是内心怯懦的一种表现，动不动就提"我们"，这是在给自己找到一个保护伞。但是经常讲"我"的人不一样，他们的主体意识很强，很注重个人的独立，遇事不慌不乱，勇于担当。是典型的领导者角色。不过这类人一般喜欢表现自己，一旦有这样的机会，总不会轻易放过。

在我们日常谈话中，是用"我"还是"我们"本身并没有一定的标准，我们也不是强调讲话的标准。经常提到"我"，就是想要表现自己的一个信号，至少会给别人这样的信号；但是经常提到"我们"，性格里面雷同的成分很多，很容易就淹没在人群中，以至于最终可能都默默无闻。

如何通过文字语言看懂屏幕背后的他

随着网络技术和计算机技术的发展，网络早已经步入寻常百姓家。尤其是年轻人，不单单每天花不少时间在电脑旁，即便是不在电脑旁边，也要用手机登录自己的即时聊天工具，和自己的网友聊天。

但是网络毕竟是一种虚拟的环境。它和真实世界是有距离的，我们很难知道和自己聊得火热的那个人到底是男还是女，即便是能视屏看见对方，谁都不能保证，不是他或者她找来的另一个人。现实世界里，我们可以通过察言观色对一个人进行起码的了解，网络世界里，这些就做不到了。不过，这也并不意味着就没有办法对对方有一个大致的了解与掌握。既然是聊天，就会有文字，那么我们就可以从这个角度切入，不管是文字，标点符号，特殊符号，还是其他的一些表情，都会或多或少地透露对方的一些性格信息。

首先是聊天过程中的语气辨别。网络聊天一般谁都不会花很长时间去打字，多数都是一些很简短的语言。语气就显得很重要。经常使用"呀"这个字眼的人，一般比较幼稚，很年轻，20 岁左右，不会大多少。从现实社会来讲，"呵呵"这种语气多半是成熟男性使用。一般在表示认可、承认、赞许或者是没有更好的回答字眼的时候，就会用到这种语气。一个简单"呵呵"，就显得很温和。

在网络上，如果是刚刚接触网络不是很久的小女孩子，对这种语气可能会产生一种弄明白真相的欲望，想要控制对方，不过最终什么都弄不明白，还有可能反被对方控制。一个字"哈"，简短，干脆。适用这种语气的人一般比较聪明，但是人可能是比较冷漠的一类。这个"哈"表达的是一个中性的意思，既没有赞扬的意思，也没有贬斥的意思，中立。两个字"哈哈"，适用这种语气的人一般比较豪爽，为人开朗，心胸开阔，乐观。

当然这种语气也可能是出现在恶作剧得逞之后的得意笑。喜欢用"嘻嘻"这种语气的人，一般比较活泼，多见于女孩子，男性基本没有，有点儿古灵精怪的意味，平时有喜欢捉弄人的倾向。"嗯"这个字眼也是常见于女性，多半年龄也不会太大，20岁到30岁。它体现的是女性温柔、体贴的一面。

除了语气词，接下来就是说话内容。内容自然是很简单的事情，因为既然讲的东西都在那儿摆着，认识字就能知道意思，其实未必。

举个例子来讲。如果两个人刚刚认识，就开始使用"我爱你"字样的人，一般会有两种可能，一个是年龄很小，另一个是个人生活极度空虚无聊。双方认识了很长时间，而且对彼此的情况都有了非常深入的了解，甚至都知道了对方老家的门朝那边开的时候，这时再说出"我爱你"这三个字，一般年龄都比较大了，30岁左右，即便是小，也不会小很多。这类人一般比较能克制自己，理性强于感性，对待人和事都能很好地把握分寸，掌握尺度。

两个人都是异性，而且不管是彼此之间聊到什么程度，从来不说"我爱你"这三个字的人一般城府很深，他们能很清醒地认识到虚拟的网络世界和现实世界的关系。这类人年龄一般都不小了，成熟理智型是对他们最好的定性。

在聊天的过程中，如果经常性地使用一些逗点，这类人一般性子比较急躁，很年轻，性情刚烈，也有耿直的倾向。如果是个女孩子，那么她可能很率真，无邪，但是男孩子气，浑身上下都有男孩子的气息。聊天的时候，总是喜欢使用一些特殊符号来装饰自己的话，这种人一般内心很浪漫，也很渴望浪漫，很讲究情调，一般年龄不大，20 岁出头的样子，这种情况女孩子要多于男孩子。多数人在聊天的时候都用标点符号，但是用得不多，基本都是逗号。

但是全部不用的人就很少，这样的人一般都非常有心计，善于算计，不过多数情况下是耍弄小聪明，做事也很鲁莽，不懂得为人为己留下余地。他们的性格里面分裂的成分也很多，很难一下子将他们的性格讲清楚，因为即便是他们自己有时候也可能对自己都会感到很迷惘。

从聊天的话题也可以看出对方的端倪来。比方说如果聊到明星，喜欢张学友、刘德华一类的人一般很注重实际；喜欢张曼玉，而且时不时地将她们挂在嘴边的人，一般多数属于小资一派；喜欢披头士的人一般是那种标新立异派；喜欢欧洲古典音乐，对于美国的金属音乐表示反感的多数学历比较高，受过良好的高等教育，这些人的收入一般不低，自认为品位很高，所以就难免曲高和寡。

在打字速度的问题上也能看出一个人的一些性格特征。打字速度很快的，但是错别字很多的人，一般是年轻人，毛毛躁躁的，没有个安稳劲儿，他们的表现欲望很强烈；如果你知道某个人的打字速度很快，一直都很快，却突然慢下来了，你就能分明地感觉到对方是在敷衍。这说明他要么是在和别的人聊天，要么是在打游戏，要么就是在看电视，就是没有专心和你聊天，也就是说，他对你的关注度下降了；打字速度不快，但是每句话都有点儿道理的人，一般比较稳重，是那种成熟的类型，个人修养不错。

虽然在网上我们不能面对面地看见一个人，也不能直观地看到这个人的微表情，但是我们仍然可以通过微表情的其他表现形式来对这个人的性格进行大致的摸底，一般能得到真实资料，就能知道个大概，从而有比较明确的方向。

在不同的吵架中了解他人（一）

吵架不是打架，如果你仔细观察一下那些吵架的人，你就会发现一些很有意思的现象，不管是吵得多厉害，恨不得将对方撕开来吃了才解恨，但就是没有人动手。

同时，吵架是有高潮的，到了这个高潮的时候，吵架的双方其实并不是因为之前的一点儿鸡毛蒜皮的小事而喋喋不休，之所以还能维持这么长的时间，原因是两方面都想赢得这场吵架的最终胜利，至于一开始的原因，反倒不重要了。

吵架为什么能让人那么高嗓门，从医学角度来讲，这也是可以解释的，因为这个时候双方的肾上腺激素猛增，导致兴奋，这种兴奋是吵架的时候所独有的，平常事情顺利的时候是不会有这种感觉的。不过并不是所有人都会有这种激素，有不少人看见吵架的场景就躲得远远的，他们很害怕争吵，但这并不能说明这个人的胆子就很小，只是因为他们很害怕和别人去争执而已。不同的人在吵架中有不同的表现。从这个表现中，我们也能对他的性格进行解读。

言语犀利型的人。这种人一开始争吵就表现得像是一个上了战场的斗鸡一样，随时准备开始进行战斗，不过不是肢体冲突，言语上的你来我往，他们已经做好最充分的准备了。这种人一旦遇到类似的场合，就会变得像是野猫一样，嗷嗷乱叫，他们激烈的言辞是自己感受不到的，非常过分的话一再重复，而且下一句可能更加厉害，平时他的反应估计没有这么好，但是这个时候，你才能发现，原来语言也可以这么有用，他竟然能将语言发挥得如此淋漓尽致。

如果是这种类型的人，他们一般都很容易恼怒，一件很小的事情就有可能惹恼他们，所以这类人多半在生活中别人也会对他有无理取闹的印象，而且人缘极差。因为如果和他争吵的人是自己的至亲或者是朋友熟人的话，他们的嘴也是没有把门的，什么话都能往外倒，一开始是小火慢炖，很快就变成野火燎原了，他能将你的七大姑八大姨都骂个狗血喷头，你的家庭、亲人，如此等等都有可能被他骂个遍，从这个角度来讲，这种人是比较可恶的。

面临即将要输掉这场架的时候，有些人开始很不安，他们不仅仅是语言攻击，嘴不闲着，身体也不闲着，既然是吵架快输了，肯定就是在语言上吃亏了，没有办法了，就只好用自己的身体做出反抗的行为。这种人一般很容易冲动，只要是事情稍有不顺心，就会大发脾气，而且他的挫败感是别人不能理解的，其实在别人的眼里，根本就不值一提的事情，在他那里可能就是天要塌下来了。通常情况下，如果他输掉了这次争吵，他自己会和自己过不去，狠狠地踢自己的车子，乱摔东西等。

有一类人在和别人争吵的时候，表现得比较异于常人，他们对这种事情无所谓，不管对手怎么挑衅，怎么张牙舞爪，他就是不动声色。对手看看可能也没什么意思了，闹一会儿也就鸣金收兵了。这类人一般心态很好。其实当时他有那样的表现并不是因为他的确已经控制了全场，这类人的能力只是在于自己愿意处理的一些问题上，以及自己完全相信能够控制局面的事情上。不过他们一般会相信船到桥头自然直，任何问题随着时间的流失都能得到解决，不过这个解决到底是什么样的形式，并不在他们的预料范围内。

还有一类人争吵的时候，总是喜欢摆出一副无辜的架势来。这种人在面对对手的挑衅时，总是喜欢说"你可能太过在意了"，"我想你还没有完全了解事情的真相，不信你和你家人聊聊"，这种人多数情况下在面对争吵的时候很喜欢用沉默来化解对方的进攻，不管你怎么表现，怎么过激，只要还在相对正常的争吵范围内，他都不会在意的。这类人一般心态比较好，他认为自己是高人一等的，他也很希望自己能赢得这场争吵，但是方式是以自己的洋洋自得而结束，不是彼此脸红脖子粗的互掐之后才完事。

再有一种就是博取同情。这种人的技巧很好，不管一开始争吵的原因是什么，或者干脆就完全怪他，一旦开始争吵，他就会摆出一副受害者的模样来，他很希望有人出来为自己抱打不平，如果有人替自己将这场争吵终结，那是再好不过了。不管是什么理由，对方是什么人，他总是在想办法，让自己看上去像是个受害者。他们很富有表演技巧，如果转行当演员，应该前途一片光明。

争吵时不动任何感情。这种人即便是面对已经开始的争吵了，也会和对方说"你先别激动"，不管是在什么情况，他都不会让自己的感情轻易流露出来。这种人非常冷静，很理智，而且他们都是很聪明的人，他们很清楚地知道这样的争吵没有丝毫的意义，最终的结果还是不了了之，所以就懒得和对方进行下去，只是希望尽快地将这个场面收拾了，了结完事。这种人在面对这样的情况时，后来基本上都会是赢家，因为他很理智，对方则已经完全乱了阵脚。

在吵架中了解他人（二）

这里将吵架列出了两个小节，不是因为吵架有意思，而是因为在吵架的过程中，人的感情基本上占了上风，理智这个时候多数人都会退居二线。那么就是说这个时候，人的一些动作、表情基本上就是最真实的内心反映。

有时候我们对一个人的评价是闷，很闷的那种，但是突然他和另外一个人吵架了，在这个过程中他一点儿都不闷，反而很激烈，不仅能言善道，而且张牙舞爪，气势不可抵挡。让所有人，包括对手都大吃一惊。这个时候，这个人的另一面就显露出来了，而这种显露，在日常生活中，我们是怎么都见不到的，非要有这样的事情发生，才能真真切切地了解到他的内心世界，走进另外一个不为外人所知的他的感情天地里。所以，吵架的正面意义在于，我们能真实地看到一些人平时不为人知的秘密性格。

大肆发泄然后平静面对。这种情况是很少见的。它要求双方都能很好地克制自己。吵架一开始彼此都是歇斯底里的呼喊，嗓门有多大，"油门"就踩多大，先是将自己满腔的怒火发泄出来，你吼我也吼，你声音高，我比你还高，都发泄完了，好了，大家平心静气地坐下来谈谈，看看这个事情到底是怎么一回事。该是谁的错，就是谁的错。这是不容易做大的，因为两个人都要有很好的理解力，控制力，对自己的能量能做到收放自如，试想一下，如果其中一个人在吼叫的同时实在忍不住动手了，这就不是吵架，而是打架了。所以，两个人都需要在争吵到一定程度的时候让自己的热情冷却，在爆发之前就冷静下来。

有的人在吵架的过程中不会打人，他们也没有想过要打人，而是摔东西，得到什么东西摔什么，这是向对手示威的一种行为，也是表达自己极度不满的一种行为。他希望借助这个动作给对手施加压力，如果对手害怕了，那么自己就胜利了，自己的伎俩也就得逞了。同时，他们乱摔东西也是让自己好过一点儿的做法。因为当时的心理压力也是不小的。这种人多数是希望在这样的争吵中获取自尊，通过胜利争取一种英雄式的感受，他们需要自信，但是方法不对头，这样的行为就像是一个小孩子，或者是婴儿一样，看上去很幼稚，效果很差劲，基本上不能成功。

翻旧账在吵架中屡见不鲜。虽然这种行为被所有人认为是一种很无聊，也很下作的，但还是经常会被人拿来用。这可能也解释了人在吵架的时候总是不理智的一个原因，因为这时候的人脑子里只有一个念头：打击对手，赢得胜利！至于具体的方法是什么，他才不在意呢。这种人在翻旧账的时候如数家珍，多少年前的陈年往事，他都记得清清楚楚，仿佛是刚刚发生过一样。可能平时你让他想，他还真不一定能记得那么全。这种人在吵架的时候多数占上风，他记忆力太好了，对方不行。

而且他记住的多半是对方的负面信息。什么怎么怎么对不起他了，当年借了多少钱一直没有还，到现在还装作不知道啦，如此等等。不论你是谁，突然面对这样的打击，肯定受不了，如果不落荒而逃，那才叫怪事。这种人在吵架的时候每每会用到这一招，别人的记忆力没有他那么好，这个没有办法弥补。

吵架的时候，一方为了加强自己的声势，更好地打击对手，会突然冒一句"大家都这么说"。当然了，这句话前面的那句肯定是不利于对手的信息了。他的目的当然是为了赢。但是要有一个前提，就是观战的队伍中的确有和他一个战线上的，而且肯定不会"卖国投敌"，所以他才敢这样讲。

其实并不是什么大家都这么说，或者是都是这么说，干脆就是谎言，或者是谣言，他散播这个信息的目的是打击对手的信心，增强自己的气势。然而这种人非常缺乏底气。平常就不是一个自信的人。他很希望借助别人的力量来为自己完成这个可能完不成的任务。

有的人喜欢在电话里和另外一个人争吵。他在电话里可以表现得非常彪悍，非常勇猛，什么话都撂得出来，但如果你让他直面那个人，他就不会这么做了。在电话里和别人吵架有一个非常好的心理安慰：一旦自己处于劣势，而且觉得扳回局面的希望不大的时候，你可以甩出一句话"懒得理你"之后就挂断电话。

这个方式很安全，既不用在众目睽睽之下和人对垒，也不需要担心一旦自己失败可能要面对的出丑不知该如何处理。这类人一般在他们的生命中经历过不少的委屈，的确是很委屈，但是从来没有面对过，起码是自己没有真正面对过，也没有胜利过。这样的经验在他们的脑海里挥之不去，所以就会采用既能保全自己，又可以将自己的不满表达出来的安全做法：打电话！

第三章
表情人人有，内涵各不同
——神态表情包裹下的真实内心

人是感情动物，每个人都会有不同的情绪，情绪是没有办法伪装的，这些情绪反映在脸上，就是我们见到的表情，通过对每种表情的解读，就能直接而真实地洞察对方的一举一动。

神态表情解码示例

　　一个人的神态和内心是相互联系的，不同的神态能恰如其分地折射出一个人真实的心理状态。比如目光、视线、眼神的变化，都反映着内心情感的变化。并且从一定程度上来说，通过人的衣着服饰也能洞察出一个人的性格喜好。

　　心理解码：眼皮眨动过快表示活跃、思索，过慢表示轻蔑、厌恶；瞳孔突然变大放光表示惊奇、喜悦，突然缩小无神表示伤感、失去兴趣；眼球反复转动表示心有所思。

　　心理解码：聊天的时候，对方突然将自己的下巴抬高，这个动作说明你的某句话刺激或激怒了他，让他觉得受到了惊诧或攻击，即猛然抬起下巴大多是进攻和愤怒的表示。

　　心理解码：人在说谎时会不自觉地摸摸自己的鼻子，或者是两个手相互摩挲，以及用手遮住嘴巴。这些行为表示了撒谎的人试图抑制自己说出谎言。

心理解码：喜欢穿新潮、花哨衣服的人，比较外向；衣着朴素，简单的人相对比较内向。还有一些人爱穿豹纹衣服，这类人性格比较张扬，不易被控制。

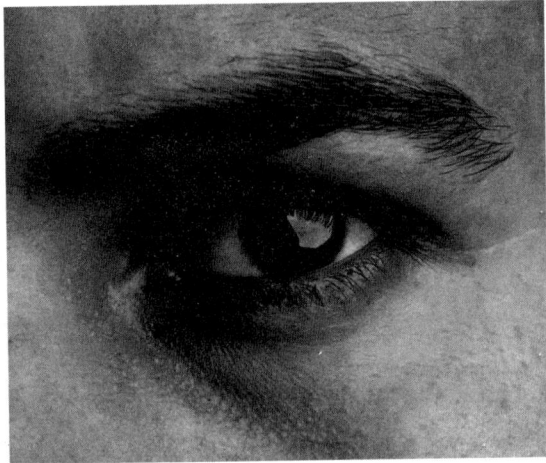

眼神视角解码：

1. 注视时间

眼神与心理具有密切的关系。与人相处，若注视对方的时间占全部时间的1/3左右，表示友好；不足1/3表示轻视；占到2/3左右，表示重视；超过了2/3，则表示兴趣十足或者怀有敌意。

2. 注视角度

平视，适用于与身份、地位相当的人进行平等交往；侧视，含有轻蔑不敬之意；仰视，表示尊重敬畏；俯视，表示对晚辈的宽容、怜爱，也可表示轻慢、歧视。

3. 注视部位

短时地注视对方双眼，表示聚精会神、专心致志，称为关注型注视；注视对方额头，表示严肃、认真、公事公办，称作公务型注视；注视对方眼部至唇部，是交际场合的常规，称为社交型注视；随意一瞥他人身上任意部位叫做随意型注视，也叫瞥视，表示注意或者敌意。

4. 注视方式

直视，表示认真、尊重、坦诚；虚视，即目光不聚焦于某处，眼神不集中，表示胆怯、疑虑或失意；扫视，即上下左右反复打量，表示好奇、吃惊；环视，即与多人交往时有节奏地注视不同的人或物，表示"一视同仁"；他视，即与人交往时眼望他处，表示胆怯、害羞、心虚、反感、心不在焉；无视，即闭上眼睛不看对方，表示疲惫、反感、没有兴趣。

5. 注视变化

目光、视线、眼神的变化，都反映着内心情感的变化。比如眼皮眨动过快表示活跃、思索，过慢表示轻蔑、厌恶；瞳孔突然变大放光表示惊奇、喜悦，突然缩小无神表示伤感、失去兴趣；眼球反复转动表示心有所思。

一、小细节泄露大秘密——细节和微表情

微表情的重点就是"微",是在不经意间流露出来的能展现内心真实感受的一些细微的变化。这些不经意的表情更多情况下反映在一些不为平时注意的细节上。

眼是护心苗:通过眼神了解人的真实心理

前文我们讲过,一个人的眼神和内心是相互联系的,不同的眼神能恰如其分地折射出一个人此时此刻的真实心理状态。爱默生也说过:"人的眼睛和舌头所说的话一样多,不需要字典,就能从眼睛的语言中了解整个世界。"我们中国人对眼睛也有一个很好的比喻:"眼睛是心灵的窗户。"通过眼睛,我们了解到对方的真实心理动向,从而判断他的情绪变化,这种眼神的流露是最不容易被掩饰,最难以伪装的一种微表情。从五官的角度来讲,之所以我们给予眼睛这么高的肯定,是因为

在五官中，眼睛起到统帅的作用。

三国时期，魏国曾派一名刺客到蜀国刘备那里，想借机将刘备除掉。这个人来到刘备这里后，并没有立即下手。因为他知道如果太过莽撞的话，很可能难以得手，毕竟刘备手下能征惯战的勇士很多，身边又有很多护卫。所以，他第一步要骗取刘备的信任。如果能借机接近刘备，那么这次行刺的计划就能很顺利地完成。

为了博取刘备的信任，此人假装和刘备探讨当今天下局势。说到蜀国的未来，他向刘备献计，告知自己的想法，如此这般，这般如此地说了一大通。

因为此人来自魏国，所以对魏国的情形比较了解，所讲的内容多数中肯，刘备听了觉得很有一番道理，于是也慢慢地靠近了这名刺客，就在该刺客觉得时机将要成熟的时候，诸葛亮走了进来。此人一看诸葛亮走进来，就借故离开了大厅。

此人离开大厅后，刘备就很高兴地对诸葛亮说，这个人对我们消灭曹魏将起到很关键的作用，刚刚听他的分析，对魏国的军事，国情都非常了解，分析问题也是鞭辟入里，如果将他笼络到自己帐下，那大事就不愁了。

诸葛亮笑着对刘备说："不然，我看此人并非实意，他一看见我进来，就和先前的泰然自若截然相反，畏畏缩缩，慌慌张张，而且眼角低垂，流露出很明显的忤逆神态，一看就知道必定是个奸邪小人，有可能是一名刺客。"

诸葛亮平日里料事如神，刘备对他也是言听计从，听他这么一分析，赶紧派人去寻。哪知此人已经逃跑。

案例中，诸葛亮能在一眼之间将对方的心理基本判断出来，完全依靠的是眼神的变化。显然，一个人眼睛里面往往含有丰富的"内容"。

交际中，与对方进行交流时，通常首先映入我们眼帘的是对方的眼睛，而且在交流的过程中，很多时候注意力都在对方的眼睛之上。所以说，眼睛可以成为交流的第三语言。

但是，我们不得不承认人是视觉动物。举个例子，比如春天我们到外地旅游，在看到美丽芳香的花草之后，通常说的第一句话是："啊！好美啊"，很少会是："啊！好香啊。"这就是视觉的影响力。虽说我们不能以貌取人，但面对一个人的话，如果对方长得五官端正，你心里必然会觉得比较舒服。相反，如果对方的长相首先就不是很招人喜欢，那么，通常你很少会主动与其打招呼，虽然这样说有点儿不近人情，但从人第一印象的角度来讲，这就是事实。

同时，这也说明了人的视觉对其内心的影响是非常大的，从某种意义上说，它是超越理智而存在的，不以我们的意志为转移。这也就是为什么一个人的美丑有可能会对一个人的未来发展或多或少地产生一定程度的影响。

一顿丰盛的大餐摆在我们面前，看上去就胃口大开，能让人大快朵颐，而闻起来也让你残涎欲滴，那么最终你可能会很享受地去品尝这顿美酒佳肴。相反，如果闻起来还不错，但看上去就让人非常讨厌，产生恶心联想的饭菜，别说你要多吃了，可能就连多看一眼的勇气都没有。这就是视觉对我们大脑产生的作用。

眼能传神，这就是五官之中它称王的原因。俗语说"眼是护心苗"。讲的是眼睛和心的关系，非常直接的关系，从微表情的角度来讲，那就是眼睛能恰如其分地体现内心世界。

一般来说，眼神与心理的关系往往表现在以下方面。

1. 注视时间

与人相处，若注视对方的时间占全部时间的 1/3 左右，表示友好；

不足 1/3 表示轻视；占到 2/3 左右，表示重视；超过了 2/3，则表示兴趣十足或者怀有敌意。

2. 注视角度

平视，适用于与身份、地位相当的人进行平等交往；侧视，含有轻蔑不敬之意；仰视，表示尊重敬畏；俯视，表示对晚辈的宽容、怜爱，也可表示轻慢、歧视。

3. 注视部位

短时地注视对方双眼，表示聚精会神、专心致志，称为关注型注视；注视对方额头，表示严肃、认真、公事公办，称作公务型注视；注视对方眼部至唇部，是交际场合的常规，称为社交型注视；随意一瞥他人身上任意部位叫作随意型注视，也叫瞥视，表示注意或者敌意。

4. 注视方式

直视，表示认真、尊重、坦诚；虚视，即目光不聚焦于某处，眼神不集中，表示胆怯、疑虑或失意；扫视，即上下左右反复打量，表示好奇、吃惊；环视，即与多人交往时有节奏地注视不同的人或物，表示"一视同仁"；他视，即与人交往时眼望他处，表示胆怯、害羞、心虚、反感、心不在焉；无视，即闭上眼睛不看对方，表示疲惫、反感、没有兴趣。

5. 注视变化

目光、视线、眼神的变化，都反映着内心情感的变化。比如眼皮眨动过快表示活跃、思索，过慢表示轻蔑、厌恶；瞳孔突然变大放光表示惊奇、喜悦，突然缩小无神表示伤感、失去兴趣；眼球反复转动表示心有所思。

细节是无法伪造的：小细节凸显"大"内心

一个人的内心活动能通过各种途径发出信号。这些活动往往使我们不怎么注意，或者是即便注意了也比较难捕捉。这就是细节，一些很小的动作，细微的表情，就是在陈说他自己内心最真实的感受。如果我们单单通过他人多次的语言表述，很难真正地明白，他到底是怎么想的，态度是否定还是肯定，有什么样的思路。

一个人的心思往往是通过大脑加工过之后，再反映到自己的一些行为模式上来。比如说我们在评价一个人的时候，多数情况下，有两种反应，一个是赞美，一个是背后的坏话。这两种情况比较极端。如果你问问那些喜欢在背后说别人坏话的人，是不是真的就是那么讨厌他说的那个人，答案可能会让你吓一跳的，因为他只是说说而已，并没有往心里去。那是一种习惯，不是自己真正的内心世界。也就是说我们不能单单地从这些很明显的态度上去判断一个人，而是要从他不知道的一些细节入手。这些细节是没有经过任何加工的，纯天然的个人内心反应。

举个例子，如果我们见到一个人在发问的时候，他眉毛不经意地往上方挑了一下，这就说明他是在明知故问。再比方说，一个人在说谎的时候，会很自然地摸摸自己的鼻子，这个动作他是不知道的，而且这个过程很快，并不能持续很长时间，如果我们在和别人谈话的时候，抓住了这个细节，就能知道这个人说的是不是真心话，那么上当的概率就会小得多。

观察一个人就是从小的地方入手，从细节开始，终止于细节。因为小小的细节，才是凸显内心世界的镜子。还有，如果你正在和别人谈一个项目，一开始聊感觉还是很投机的，但是这个人突然不经意地将双手交叉在胸前，这个信号就说明，他开始抵抗你的一些看法，对你有了一定的抵御心理。很可能你的某些观点主张没有说到他心里去，要考虑换换话题或者是重新审视一下你的方案了。那是一种很明显的不合作的姿态。

生活中充满了细节。经常可以听到有人讲细节决定成败。我国很早就有人这么归纳天下事，"天下大事必做于细，天下难事必做于易"。这就是说，天底下没有什么大事，就是一些很小的细节组成了后来可能看上去很大的事件。对于一个人更是如此。细节最能体现性格以及个人的内心世界。没什么大的方面能直接而全面地将一个人的方方面面全部暴露出来。只有通过一些很小的方面，经过我们仔细的观察才能得到最终的解释。

细节是没有办法伪造的。这一点是我们通过细节看别人内心的一个最根本也是最有利的地方。如果是经过人的大脑再进行社会化的伪装，那么就很难知道我们想要的答案。人在年轻的时候，情绪很容易激动，什么事情都会写在脸上，不用看别的，就看这个年轻人的脸，就能把他的内心世界看得清清楚楚。但是一旦上了年纪，在社会上待的时间长了，情况就不一样了，他已经习得了很多的社会知识，有了丰富的社会体验，锻炼多了，经验丰富了，隐藏自己的愿望强烈了，他就会将自己的一切内心真实感受全面地伪装起来。这样就增加了我们认识他、解读他性格的难度。

比如说，年轻人讲话通常是内心最真实的感受，怎么想的，就怎么说出来，但是上了年纪的人不一样，他们一般不会轻易地表达自己真实的观点、看法，而是根据当时的场合决定说什么不说什么。

细节不一样，它不是人能伪装得来的，不管有多么丰富的社会阅历，多少社会知识，人际交往能力多强，他都不可能不做出一些反映内心世界的小动作，微表情。

细节是怎么都跨不过去的一个鸿沟，肯定会有。微表情的意义就在于此。比如说我们在谈论一个人的时候，可能 A 非常讨厌他，但是为了迎合多数人，或者是害怕背后说人长短的不好名声，那么很可能违心地说自己很喜欢这个人，他很好，各方面都不错。这个时候，你注意观察一下 A，看看他是不是有这些细小的动作：摸摸自己的鼻子；摸摸脖子或者是下颚，要么眼睛一直不看你，眼神漂移，要么盯着你看的时间比平时长；如果是男性，可能他的右肩会很快地耸一下；只顾说话，其他的动作几乎全部停止（因为编谎话也是需要高度集中精力的，尤其是高难度的谎话）。所有这些动作都是一些很小的细节，每一个细节都在说明一个问题：你眼前的这个人在撒谎！

知人知面也知心：如何看穿对方的内心

听得懂对方在说什么话不算高明，如果能真实地听出来话里的弦外之音就了不起了。同样，我们认识一个人，能从外观上把他分辨出来不是难事，但如果能深入到一个人的内心世界里去，就很不简单。

有两个原因使得了解别人的内心世界变得很复杂，第一个就是我们在人际交往的过程中本能地有保护自己的想法，而保护自己的最终极也是最常用的办法就是不让别人知道自己在想什么，把自己伪装起来，往往一个人的年龄越大，这个想法就越强烈，所以当一个人的社会阅历和生活经验丰富了之后，再想走进他的内心世界就会变得更难。

第二个是因为人的内心和一个人的性格这两方面本身就很复杂的问题。有的时候，我们或许能听到身边的人说"我也不知道自己是怎么想的"，很可能这个说法不是在推卸责任也不是胡诌，而是那个时候他真的不知道自己在想什么东西，很乱，或者是很矛盾，这都有可能。也有的时候，你可能对某一个朋友的性格感到很奇怪，这个人虽然和自己交往了好些年，但就是不能把握他的性格，不知道他到底属于哪一类人。如果你真的不知道的话，也不用紧张，不是你笨，而是这个人的性格的确是太复杂了，就连他自己都不知道自己是什么样类型的人，更何况你呢？

我国古代早就对人的性格做出了一句很经典的论述："画人画虎难画骨，知人知面不知心。"人的确是这个世界最为复杂的一种动物，有的人上一分钟还是满面笑容，但是马上就泪如雨下，这也不是什么稀奇事。

人的感情世界很丰富，但是人又是理智的动物。两方面看似矛盾，却偏偏又要协调在一个身体里，想不复杂都很难。虽然是很难的事情，但并不等于我们就一点儿办法都没有了。人的能动性是所有动物里面最好的，既然能把飞机送上太空，能在月亮上走两步，那么了解一个人的性格特征，查探一个人的内心世界就不是完全不可能的事情了。通过很多次的观察，因为现代医学技术的发达，社会学研究的进步，我们可以从不同的角度对一个人的性格作出解读，对他的内心世界给出真实的答案，不管他有什么样的社会阅历，多么善于伪装自己，我们都能将他内心最真实的想法掌握在自己的手里。

一般来讲，我们了解一个人，假如是个陌生人，那么第一眼看过去，你看到的是什么？或者是给你的第一眼印象，你最深刻的会是什么？多数情况下会是这个人的外貌。不管是男性还是女性，都是一样。尤其是年轻的朋友对外貌的注意力就更为敏感。这倒不是说我们都是以貌取人者。通过一个人的外貌长相，就可以大致地判断出这个人的性格特征。要了解一个人的内心想法，如果能对他的性格有一个全面准确的把握，结论一般会更为准确。

汉语里有个词叫做"相由心生"，意思是一个人的性格体现在他的外貌上，这个是没有办法掩饰的。不同的头，有不同的性格底色。比如说三角形的头，也就是上面大，下部较小，一般是下巴较尖，这类人一般智商很高，逻辑思维能力很强，有很好的创造力和思考力，有不少的科学家就是这个头型。再比如眉毛，它能很好地反映出一个人的内心世界，如果对方眉头紧锁，你肯定不会想这个人现在很开心，或者是很喜欢你的说法，这个动作一般表达的就是负面的信息。比如伤心，否定，紧张，害怕，疑虑等。脸是一个微表情比较丰富，也比较集中的地方。看懂一张脸，就等于是读懂了一个人。

五官给予我们第一个最初的印象，还需要其他方面的配合，才能最终做出判断。语言是体现思想的载体，但是虚假的成分太多，所以就需要从语言的"微表情"中找到真实的信息，有时候我们或许并不是通过内容而是通过讲话的方式就能对这个人有一个大致的判断。如果是很急促的说话，说明内心很焦急，平时说话声音很温和，低沉的人一般比较内向，不会轻易地将自己的内心暴露在别人面前。女性发出娇滴滴的声音是想获得异性的青睐。

一个人的服饰也能很明显地将他的内心世界暴露出来。举个很极端的例子，我们在生活中看到的穿豹纹衣服的人是很少的，这类人一般性格比较张扬，不易被控制，外向。衣着朴素，简单的人就内向一些，有固执己见的倾向，但人很成熟，理智。服装能将一个人出卖，同样能出卖一个人的是他不经意间的一个小动作。比如说说话的时候，不自觉地摸摸自己的鼻子或者是下颚脖子，这就说明他在说谎，心里的真实想法和讲出来的内容截然不同，甚至相反。

另外，每个人经过多年的生活，都会形成一些很独特的个人生活习惯，这些习惯是非常私人的一种表现，也是个人性格的一种外在表现，通过观察他的这些日常行为习惯也能很准确地了解一个人的性格特征。

了解一个人内心的方式有很多，不单单是从他讲话的内容来判断，而且这种方法被证明是最不可靠的，也最不能当真的一种方式，语言可以经过任意加工，但是一些微小的细节，微小的动作，这些是不能加工的，用这些微表情，就能很好地摸透一个人，读出他的心声！

捕捉天然的细节：让无意识的细节告诉你

微表情可以反映一个人的内心世界，细节更能彰显性格，这些都要一个共同的前提，这些细节是没有经过任何加工处理的，是天然的。所以就应该是无意识的一种行为，这个才是我们要捕捉的信息。如果是有意为之的一些小动作，也不能逃过我们的眼睛，假的东西毕竟是假的，不会对微表情产生负面影响，更不会因为有假动作的存在，就否定了微表情的意义。

> 观察一个人的微表情就是和细节"过不去"，简言之，就是要发现对方身上所有你能捕捉到的信息，越多越好，这需要细致入微的观察，没有耐心、细致的观察，再多的细节也会从我们眼前白白溜掉。

无意识的动作，有相当一部分是我们无法控制的，那是一种本能的生理反应。比如说手心出汗。这是一个很小的细节问题，如果我们稍不留神，可能就会错过。一个人的手心出汗，他不会无动于衷的，一般来讲如果是坐着的话会用手摩擦自己的大腿。这个目的是将自己手心里的汗抹去。这也是一个很小的动作，也是无意识的一种行为。

不过很多人对这个动作的解读是错误的，或者是极端的，他们认为一个人的手心里出汗了，就证明这个人在撒谎，不诚实。对他讲过话的，表过的态度完全予以否定。事实上并不完全是这样，当一个人手心出汗的时候，有可能是他面临的压力太大了，或者是他非常紧张。一个人在高度紧张的时候，手心非常容易冒汗，自己都不知道是怎么回事。所以紧张、压力，还有撒谎都有可能使得手心出汗，并不能据此认为手心有汗就是在说谎话。

观察一个人的微表情就是和细节"过不去"，简言之，就是要发现对方身上所有你能捕捉到的信息，越多越好，这需要细致入微的观察，没有耐心、细致的观察，再多的细节也会从我们眼前白白溜掉。下面我们就日常生活中的一些不经意间的小动作来看看无意识的动作都有哪些表现。正常的谈话过程中，对方有可能是望着你的眼睛，也有可能不是在看着你的眼睛。这都是正常的反应。但有些人认为一个人在说话的时候，如果出现眼神漂移的情况，就是眼睛不再是盯着别人的眼睛了，那就是在说谎了。其实这也是一个误区。如果出现眼神漂移的，要看清楚，眼睛到底是往哪个方向瞟，如果是左边就说明在思考，思考的内容是怎么撒谎，若是右边的话，说明这个人是在回忆，可能是某些话题一时间难以想起来，或者是思路一时跟不上，要简单地回想一下。

如果简单地机械地将对方的话重复一遍，那么就是撒谎了。比方说A问B"你昨晚到小丽家去找她看电影了吧"，B很快回答"不，我昨晚没有到小丽家去找她看电影"，这种直接将对方的话重复一遍的行为是非常明显的撒谎行为。其实B昨晚肯定去过小丽家了，而且就是去找她出来看电影。这种回答方式一般会很快，就是一瞬间的重复行为。当事人自己可能根本就不知道自己说话的内容，只是想加强自己否定的语气。

说谎的人有很多的细节表露出来。比如说男性可能会摸摸自己的鼻子，或者是两个手相互摩挲，或者是盯着你看的时间过长（而不是不看你，眼神漂移），其中比较经典的一个细节是摸自己的脖子。这个动作就说明他肯定是在撒谎。和别人在谈话的时候，不能总是注意别人是不是在骗自己，是不是在说谎，还要注意到这个人的情绪变化。比如说聊着聊着，他突然将自己的下巴抬高，你可能还不知道是怎么一回事呢。这个动作说明很可能你的某句话激怒了他，让他觉得受到了攻击，抬起下巴是一种进攻和愤怒的表示。当事人自己不知道，如果你也没有看清楚，继续自己的那个话题，喋喋不休，自顾自的高兴，很可能你们会不欢而散，或者是当时就其争执。

这些都是无意为之的一些细节。微表情就是无意为之，没有经过大脑过多的思索，很顺畅自然地就表现出来了。如果是有意为之，就不能真实地再现对方的内心真实感受了。如果我们掌握了微表情，那些硬装出来的表情是不可能骗到我们的。比如说，吃惊这种表情。通常情况下，我们的惊讶表情最长不会超过一秒钟，但是有些人可能会因为种种原因需要对某个信息表达出惊讶的感觉来，让别人知道自己也和你们一样，很吃惊。

为了达到这个目的，他唯一能做的就是按照自己的生活经验，尽量地做出惊讶的表情来，因为不是发自内心的，就担心别人可能看不见，或者效果不够好，所以就会故意放大这个表情，比如脸上有一些很夸张的肌肉动作，维持的时间很长，可能都快一分钟了，他的脸上还堆满了吃惊的符号。这就是假的了。我们一眼就能看出来。有意识的东西不是细节。无意的东西才是我们要注意的。

二、不同神态包裹下的自我
——通过神态看透真实的内心

不同的情绪有不同的表情，这就是我们的神态来源。每种神态都不是无缘无故地表现出来，也不会毫无来由地消失。了解了每种神态，有助于我们了解当事人此时此刻的心理。

戳穿他的把戏：读懂情绪背后的"故事"

我们在日常生活中可能会经常讲一些谎话，做一些掩饰性的动作，但是我们不喜欢别人对自己撒谎，也不喜欢他们对自己掩饰太多，多数人都有类似的心理。倒不能因为这一点，就简单地说所有人都是自私的，因为人在面对另外一个人的时候，尤其是陌生人，他会本能地想保护自己，越是年龄大的人，这种感觉就会越强烈，而保护自己的方式就是尽量多地隐瞒自己的实际情况，隐藏自己的内心。

如果别人看不到自己，内心的安全感就会很强。这就像是我们晚上害怕一个人睡在被窝里，突然想起了之前听说过的一个鬼故事，吓得不行了。该怎么做呢，唯一的方法就是裹紧被子，尽量往里钻。如果真的有"鬼"，钻与不钻没有多大差别。

每个人都有一套自我保护体系，每个人的方式可能会有所不同，但差别不是很大。这单单是指说谎这一个层面。内心的情绪波动不止说谎那么简单，还有很多，比如害怕、骄傲、吃惊、怨恨、忧伤、高兴等。

不同的情绪体现出来的都是不同的微表情。每一种微表情的背后都有它的"故事"。我们可以尽可能地控制自己的情绪，但不可能没有情绪。有了情绪，就会有外在的表现。不管他的社会阅历达到了多高的级别，练成了什么"盖世神功"，总归还是要按照一定的套路来。这个套路就是微表情。没有人能逾越。既然这样，我们就能揭穿他的掩饰或者是隐藏的种种把戏了。

我们在和别人谈话的过程中总是能碰到一些人，他在和你谈话的时候，不是碰碰这儿，就是摸摸那儿，要么是看看桌子上的杂志封面，要么用手指轻轻地敲击桌面，或者是玩弄一个很无聊的东西，比如一支圆珠笔。都是一些很小很琐碎的动作，你也看不到他有起身去做什么事情的迹象，但就是不能安心地听你讲话。要么是手不闲着，要么就是扭扭脖子，伸伸懒腰。对你而言，这是一个需要结束谈话的信号。

之所以会有这些看似不经意的动作，就是因为他对你的谈话内容一点儿兴趣都没有；也或者是这个时候，他正烦着呢，招待你，是因为礼貌要求他必须这样做。所以，如果你还想有下一次的会谈，最好能趁他一开始有这些小动作的时候就提出告辞。这样的话，会给他留下一个印象，这个人老于世故，成熟，值得交往。下一次你再见到他，基本上他就不会是以前那样了。聊天的时候，也有可能对方不是做一些小动作，而是一些肢体语言，比如时不时地用手摸自己的脸，挖挖鼻孔，再或者是弹手指，这些动作显得很不经意，而且和谈话的内容一点儿关系都没有。这说明你对面的这个人对你有很强烈的抵抗情绪，根本就没有在听你讲话，更有可能连一个字都没有听进去。内心深处，他是厌恶你的，不只是不喜欢你的谈话内容，就连你的人也是很讨厌的，是发自内心的那种讨厌。

对于一个人的内心活动，性格特征，也会比较明显地表现在他平时的日常行为习惯上。比如看报纸。这是很常见的一个现象。但不同的人看报纸的方式却是不一样的。有的这边买过来，那边就迫不及待地打开来看；与此相反的是，有的人将报纸买回来以后并不急于打开来看，而是将它先放下来，干自己手头的事情，等到其他事情都干完了，自己安静了，才拿过这份报纸，慢慢地阅读。这两种情况反差很大。

第一类人多数外向，不是那种磨磨唧唧的人，雷厉风行，想到什么就开始着手，先干后想，所以这类人干劲虽强，失之草率；他们是积极乐观的一类人，对生活不能说有很多的美好想象，但不是悲观失望者，自信却不盲目。身体很好，精力充沛，是那种看上去就觉得精神头儿倍儿足的人。他们一般比较简单，脑子里也没有太复杂的东西，高兴还是伤心，看一眼就知道了，所有的心事都写在脸上了。他们的交际能力很好，这是他们的一大优势，也就是因为这个优势，他们能得到很多人的喜欢，不过这类人喜欢出风头，刚愎自用。

第二类人，也就是那种将报纸先放在一边，干完自己的活才会展开来看的人，他们一般性格较为内向，最突出的特点就是话很少。不像是第一类人很善于交际，他们不喜欢与太多的人来往，比起很多人在一起开个晚会，他则更愿意待在家里。所以他们的人际关系就处理得差强人意了。这类人的思想非常独立，他们很少受别人的影响，很有主见，所以他们是那种不鸣则已一鸣惊人的类型。他们很现实，不会冒出一些不切实际的空想，做事非常认真，只要是自己做的事情，一般都会尽全力做好。他们对待别人不是很热情，但是自己能够和自己交流，并自得其乐。

每个人的性格后面都会跟上不同的表现人生的特征。这些特征的表现形式就是我们要追求的真实信息。而每个人的感情虽然并不一致，但总体上可以分类，而且并不复杂。每种情绪的后面也都会有相应表征。谎言、欺骗这些情绪都会很明显地暴露在一些自己不知道但是能让我们捕捉的信息里。不管是什么样的把戏，都不能逃脱心理上的反应，也就是不能逃过微表情的堵截了。

暴跳如雷，吸取吃亏的教训

人类是情绪化的动物，也可以称为感情动物，这是与任何其他动物的一个很明显的不同。其实动物也是有感情的，我们之所以讲人和动物不同，原因之一是人类的感情较之动物要复杂得多，并不是因为我们是人就要抬高自己的身价，表现得与众不同，就是万物之灵长了。

情绪是可控的，如果不然，我们就不用花那么多的心思去了解微表情的知识。只要人的情绪体现的是内心真实的感受，那么这个问题就很好解决，只需好好看看，感受一下这个情绪是什么样，就能知道他在想什么，不是简单的多。不过这也只能想想而已。

人是有感情、有情绪的物体，但是人的大脑更是积极能动的，人的能动性也是所有动物里最好的，学习能力，模仿能力都是生物界的骄傲。

所以当一个人慢慢成长起来，就开始将自己的内心情绪隐藏，或者是干脆用另外一种截然相反的情绪、感情来表示自己的想法，目的就是为了保护自己，如果单单从这个情绪本身出发来破解这时的内在心理，自然得不到正确的解答。对于解读一个人的性格和心理而言，这种伪装无疑增加了难度，但对于在社会的实际交往过程而言，伪装也好，隐藏也罢，都是对社会的一种妥协，也是自我生存能力的一种提升。

从这个角度来讲，它是有积极意义的。年轻人如果在控制自己情绪方面做得不是很完美，还有能说过去的理由，如果入世多年还是被自己的情绪控制，就会被别人当成是另类，或者是认为性格有缺陷。尤其需要说明的一点就是发怒，暴怒。这种状态是情绪失控的一种表现，人完全站在不理智的状态下将自己最真实，或者是最粗野的一面暴露无遗，不单单是给人留下不成熟、缺乏教养的印象，同时也等于给别人留下了自己的短板。

从发怒本身来讲，它一般要经过几个过程。首先就是被激怒。可能是一句话，或者是一个行为，或者是一个眼神，一种态度，这些行为本身在别人那里可能并不至于达到让自己发怒，或者是怒火很大的地步，但他就是忍不住。此时情不自禁的"怒打心头起，恶向胆边生"，破口大骂，或者是言辞犀利，或者是肢体冲突都有可能。这个时候别人的劝告基本上是没有任何作用的。

因为这个时候他就往一个地方想，脑子里的思路就在一个方向上，一条道跑到黑，不到黄河不死心，可能到了黄河也不一定就死心。往死了钻牛角尖，别人的劝解他都认为是替对方打掩护，在为对方辩解。这时候可能矛头不单单是针对之前的那个"对方"，谁搅和进来，他都有可能和谁干起来。

第二个阶段开始变身，成为"祥林嫂"，逢人就说，诉苦也好，咒骂也罢，就是不停地讲。听来听去，核心思想只有一个，他受了委屈，别人没有一点儿道理，理全在他这边。不管是家里人，还是亲戚朋友熟人，逮到谁是谁，只要能讲就好，就是为了发泄。在诉说的过程中，别人不可能像他一样没有理智，所以在听他讲的同时，也会用比较客观的态度和他分析事情的来龙去脉，然后说明如果碰到类似的情况应该怎么处理，不能如此贸然大动肝火，这样对解决问题没有任何好处，很有可能还丑化了自己的形象。但是他还是听不进去，因为虽然别人和他讲的时候可能提到了一些具体的实例，但是他心里坚持认为自己的情况和你们所讲的不一样，我是特殊的。

第三个阶段，这时候他开始反思了。不是因为自己的觉悟到了，而是前一个阶段自己和别人聊到这个问题的时候，他们的说法总是不能和自己的一致，这就是问题所在。难道是自己真的错了，错在哪儿了呢？人只要开始反思，开始理智，客观地面对事情，面对问题，很多道理根本就用不到别人来教导，很容易就明白了，毕竟生活中的事情复杂的并不多。一反思发现自己原来很可笑，很荒唐，怎么能感触这样的事情呢，简直不可思议。

第四个阶段，这是悔恨阶段。因为一开始自己就有问题，只是当时没有正确面对而已，不但对不起当事人，而且把自己的熟人、朋友、亲人可能都得罪了，以后该怎么见人呢，还不如找个地缝钻进去得了。

第五个阶段，这时候就开始总结经验教训了，不是所有的人，知道自己前面的行为过于幼稚，不可理喻，错误基本在自己一方，后面就不能再犯类似的错误，一定要改正等。即使有这一类的想法，这个阶段总结得虽然很好，但如果下次再碰到类似的情况，十有八九他也会再次动怒，原因是没有接受过更大的来自外界的教训。只有有一天，他吃了亏，这个问题才会慢慢地改正，性格才会逐渐地收敛。

对于那些暴跳如雷的朋友，微表情的分析都是多余的了，你在发怒的时候，别人已经完全控制了局面，因为他是理智的，你不是。你成为了情绪的奴隶，他在驾驭情绪。从这个角度讲，你吃亏了，而且还很大，说你完蛋了，并不是没有道理的！

不是所有的惊讶都表明内心吃惊

惊讶是在日常生活中面对突如其来的事件而产生的一种本能的生理反应。事件本身的意外程度和惊讶程度一般来讲是成正比关系的，同时还要看事件本身和我们自身的联系程度。

越是联系紧密的事件，就越能给我们带来吃惊的震撼。如果事件本身足够意外，但是和我们自己的联系稀松，或者就是一个单纯的意外性新闻，街头巷尾谈论的事件，那么这个意外只是个意外而已，就不能让我们产生足够的惊讶。

小李是一家企业的部门经理，周一就像往常一样驱车来到单位，之后就开始准备自己一天的工作。为了和自己部门的员工打成一片，他并没有到自己的办公室办公，而是和大伙一起办公。很快他发现平时就在自己身边的小陈没有来。眼看着上班时间都过了一个多钟头了，他还是没有来，小李就问旁边的同事："哎，我说，今天小陈怎么还没有来。"

他是部门经理，自然是要问问，"要不你给他打个电话看看是什么情况？"

"经理，您还不知道啊？"

"知道什么啊？"小李一头雾水。

"我们部门的小陈……"

"怎么了，你快说啊，我真不知道！"小李的心里有点儿发毛，一种不祥的感觉一下子从心里蹿上来了。

"小陈他……死了……车祸……"

"死了？……"

小李被这个突如其来的消息惊呆了。瞳孔自然张大，脸上的肌肉基本僵住了，张大了嘴巴，一两秒内，他的身体都是静止的，是完全静止的那种。很快他呼了一口气说："怎么会这样？"上一周还是阳光灿烂的小伙子，怎么就死了呢，一点儿心理准备都没有。他的双眼充满了惊异。

人在面对这种突如其来的意外事件的时候，很容易因为精神没有准备而造成短时间内的呆住，典型的反应就是像小李一样，脸上的肌肉僵硬，嘴巴张开，并且是向下张开，如果不是向下的话，而是比较夸张的那种裂开的话，很可能这次惊讶的情绪是假的，而且一般来讲，正常的吃惊时间是一秒钟左右，不会太长，如果这个时间太长（一般来讲正常就是一秒钟），比如超过了一秒钟，那么这个惊讶的表情就是假的，不是表情发出人的真实的内心感受。就像是小李一样，他很快就从这个让自己万分惊讶的情绪中出来了。

惊讶产生的首要条件就是意外。在自己完全想象不到的情况下产生了一些意料不到的状况。所谓的惊讶就是指你没有想到过，或者是暂时还没有意识到，比如你正在大街上和一个朋友聊天，突然后面有人拍了一下你的肩膀，并且对你说："嗨，好久不见!"这时你就会很惊讶，为什么呢，因为你没有想到自己很多年不见的一个老熟人竟然能在这里遇上。当然，某件事物突然消失也会带来同样的结果，比如上文中小陈的离去。

对于其他动物来讲，吃惊也是在一定程度上存在，比如正在低头吃草的食草类动物，它们如果听到一些风吹草动，就会很警觉地抬起头向四周张望。身体一动不动，但是这个时间不会持续多长，除非是它感觉到了潜在的威胁就在自己周围，它们才会安静地倾听或者是观察好一阵子。

> 不能完全地从惊讶这个角度进行最终的判断，因为认识复杂的事物，判断一个人的内心是复杂的事情，不然我们的前人也不会说画龙画虎难画骨，知人知面不知心了。

不能完全地从惊讶这个角度进行最终的判断，因为认识复杂的事物，判断一个人的内心是复杂的事情，不然我们的前人也不会说画龙画虎难画骨，知人知面不知心了。惊讶的产生总是伴随着一定的刺激而来的，我们也可以将这个来源称为刺激源。刺激源并没有一定的模型，或者是一定的内容归类，它可以是动态的，也可以是静态的，可以是获得，也可以是失去。一般来讲，越是意外的程度高，就越能在我们的面部表情上留下更为明显而丰富的表情。

惊讶就是人在面对突如其来的事情，没有任何防备意识的时候而产生的一种不自觉的面部表情，事情对我们的心理产生了影响，而且多数情况下是猝不及防的。如果我们已经在心理上有一定的防备意识了，惊讶的可能性就会变得很小，甚至没有。

惊讶在多数情况下正好表现出了信息的接受者对某件事情的关注程

度，从而得到可能想要的一些信息。比如说，在自己的同伴中，可能很多人都对某个明星表示非常喜欢，当大家在一起聊天的时候，有人爆料说这个明星早就结婚了，只是我们不知道而已，还当 TA 是单身呢，感觉被骗了啊。这时候同伴中多数人可能会对这样的信息表示非常吃惊，怎么可能结婚了，这是不可能的事情啊，我们怎么就一点儿都不知道呢?

但是如果你发现有某个人对这样的新闻并没有表示出太多的关注，或者只是说，这样的事情很常见啊，有什么大惊小怪的。

这时你的想法是什么，有可能会有很多，但你很可能会想到一个问题，这个人对这个明星并不是很喜欢，起码不是他表现出来的那样，不然的话，不会表现出那么淡漠的态度。这就是惊讶在一定情况下产生的作用，或者是给我们传达的一些信号，我们能从一个人的惊讶与否、惊讶程度来对这个人的某件事，或者是某个人的喜好进行大体上的判断。如果他表现出来的不是那种冷漠的态度，而是非常震惊，这个时候我们也不能着急下结论，说他就真是很惊讶的，因为他有可能是为了和自己的朋友们保持一致，而表现出自己的惊讶，不过这个伪装出来的惊讶一般会有一个相对明显的硬伤：时间过长。

举个生活中的例子，如果你想知道某个人对你的关注程度，那么就可以通过类似的方法进行衡量，你可以在谈话中谈及一些外人从不知道的事情，然后再细细关注对方的反应。这个反应一定要得到真实的回应。一般来讲这也不是什么困难的事情。

如果他对你讲的比较意外的事件的反应是小李那样的吃惊状态，那么你就可以得到一个最基本的判断，这个人对你的关注程度还是比较高的，如果相反，表现很冷静，或者是吃惊到你自己都很吃惊的地步，拉长了声调和你说："真—的—吗?"那么也说明了这是假象。你们的关系其实一般，或者并不是像你预期的那样。

不同气色不同人生

气色是我国中医学的一个名词，讲的是人的身体健康状况反映在脸上，给人的一种直观感觉，是精神，还是委靡，通过观察不同的气色，能断定一个人是健康的，还是身体欠佳的。

气色是一个人精气神的全面反映，不是某一个方面能决定了的，所以也才能从综合的角度来看一个人身体的全面情况。不同的气色就反映了不同的健康状况，同时，气色的区分也是人的区分。不同的人有不同的气色表现。

气和色是两个不同的概念。简单的理解可以将气看做是一个人的精神状态，而色是一个人的外在面部直觉感官呈现出来的样子，就是人的外表相貌，最重要的就是人的脸部。气，我们经常讲到的有肾气，这是一个人气的源泉所在，还有精气，肺气等。不管是气还是色，我们不用从很专业的角度来看待它，毕竟这也不是我们要讲的核心内容。这两者结合在一起，反映在我们面前，就是一个人给你的感觉。是容光焕发，精神抖擞，还是死气沉沉，一脸菜色，这就是我们能看到的，需要把握的方面。

通常来讲，一个人的精气神很好，给人感觉首先就是很精神，无病态，这类人一般红光满面，额头发亮，精神，健康，有生机，当然他不一定非常高贵，或者是家道殷实。

　　这和一个人的健康状况有关，同时也和生活境遇有很大关联。有活力的人，他们的生活比较顺心，很少忧愁，少烦恼。外向还是内向并不一定分得出来，有人说开朗的人气色一般不错，这个缺乏一定的依据。

　　相反，如果一个人两目无光，眼神暗淡，一脸焦黄，毫无生气，猛一看见可能会误认为大病初愈，或者是正身犯疾病，这种气色的人，一般可能会受到本能的影响，觉得生活没有太大意义，缺乏动力，看不见希望。

　　除了健康因素之外，这类人能有这样的气色表现，和他们的生活境况、人生感悟、长久以来的性格形成多有关联。生活不顺是很好的写照，他们一般不会有很大、很空的想法，也没有什么高远的目标，为人比较实际，懂得人情世故，害怕招惹麻烦，凡是能过就过去了，不会很较真。

　　每个人的脸上都会有不同的主色调，尽管我国多数是黄种人，但体现在脸上，"色"还是有差别的。有的人脸色以青为主，这类人生活多惊恐不安，他们很容易发怒，有时候为了一点点小事就大动肝火，如果是别人可能就一笑了事，但是在他们那里就变了样，不管怎么说，只要惹了自己不开心，先闹一闹再说。事后可能很后悔，但是想改很难，一般他们的身体也不是很好。

　　黄色调为主。这种黄色不是那种菜色，更不是焦黄的类型。这类人一般生活比较开心，顺心的事情比较多，人也比较开朗、外向，凡事都很看得开；如果脸色有点儿惨白，不是纯白，说明生活里烦心的事太多，一直都不顺心，真正开心过的日子没有几天，经济也比较拮据；一脸黑色笼罩是疾病的先兆，应该去医院看看是不是身体出了什么毛病；红色脸一般说明近来生活中顺心的事情很多，很多事情都能如愿以偿，生活得很开心。

　　人的气色在不同的年龄段区别最为明显。小的时候，十来岁，一般脸上充满了稚气；到了十四五岁的时候，给人的感觉比较灵动；到了近二十岁的时候，是最有朝气和活力的阶段，生命的张力在这个时候最为明显，从生理角度讲，这是人一生中最美好的阶段；到了近三十岁的时候，人就显得成熟、稳重，无论是男性还是女性，都显得很有魅力，精明而富有吸引力；到了更老的阶段，就是暮气沉沉的时候了，生命的印迹开始慢慢在脸上褪去，时间的齿轮在脸上留下了无情的烙印。气色不一定很差，但是已经没有了活力，缺失了生命的张力！

嬉笑怒骂表情背后的深层分析

微表情所揭示的内容无非这样两个方面，一是行为人在面对一定的刺激源后，所表现出内心真实的心理反应，这种反应并不是有意为之，而是在无意间透露出来的一种关于内心世界的外在表现；其次是行为人的性格底色，这种表现能让我们从大的方向上去把握一个人的内心世界，从而作出更接近真实的判断。

从理论层面来讲，只要有情绪上的波动，就应该伴随不同的微表情，但在实际中，我们总是能看到相关的介绍，即便是微表情专家面对一群陌生人，在对他们的微表情做判断的时候，也会屡次出现错误。这个事实说明了什么呢，是不是微表情这种理论过于牵强附会，根据表情来揣摩对方的内心世界不科学？其实这是很正常的一种现象，并不能依据这种情形就断言微表情是一种伪科学。

　　人的喜怒哀乐总是会有多种形式的表现。比如古语说"人逢喜事精神爽"，就是说，一个人在一段时间内，运气特别好，诸事顺心，职场工作的朋友升职加薪，步步高升，学生成绩突飞猛进，做研究有了很大的进展，如果身边有朋友碰到这样的事情，即便是他不说，我们多少也能感觉到对方和平常不大一样的表现。这就是一个人的内心情绪会反映在外在，从而给周边的人一种积极信号的最好证明。尽管他们并不是眉飞色舞地向你讲述自己的最近一段时间的顺利情况，但是你也能感知到这个人最近可能是碰到什么开心的事情了。

　　这说明，一个人的内心情绪虽然是无形的，我们抓不到，也摸不着，但作为一种客观的存在形式，我们是能够感受得到的。微表情专家在解读他人表情的时候也会出错，这种现象本身说明的并不是微表情这种理论在大的方向上出现了偏差，而是作为一种比较新颖的研究方向，它的深度还有待加深，还有很多的工作要做。比如我们还需要更多的人来做这方面的实验，由更多的样本来提供更加精准的数据，从这些实验中得到更为贴近事实的理论。

　　嬉笑怒骂是一个人最常见的几种情绪波动。这些不同形式的情绪表现在孩子身上最为明显，他们可能会因为没有一块糖吃而哭半天，也可能会因为拿到一个小玩具而开心好久。孩子的情绪之所以有这么明显的表现，其根本原因在于他们没有接受社会的洗礼，没有学习到更多的社会交往知识，他们身上体现出来的就是人类相对本真的一些特质。而成年人因为经过了多年的生活磨炼，尤其是利益方面的牵挂、重视，所以在面对一定的刺激时，他们的表现要让自己更符合这种社会化的游戏规则，而不是按照最原始的天性来发挥。

　　人的情绪背后是人性，而人性在一定时候会有不同程度的遮蔽，这种遮蔽并不一定就是丑恶的，这一点要弄清楚。比如语言，本来语言最原始的功用是交流，但经过发展，语言已经进化成一门艺术，而不再是一种工具，虽然本质上它还是一种工具。

要了解一个人的微表情的背后，就要知道这个人的性格，以及社会对一个人所产生的巨大影响。这是一个不能被忽略的前提。我们分析微表情，是希望能从这些芜杂的现象中剥离出比较简单的容易操作的方式，来窥探对方的内心，其目的往根源上讲可以说是利益的博弈，当然也可以归结为自我保护的一种本能表现。

在面对一个人时，社会经验非常丰富的人，他首先会"察言观色"，这可以看做一种无意识的微表情学问。这种本领没有人教，是他们在日积月累的交往过程中一点一滴慢慢学会，之后用到自己人际交往过程中的。既然已经开始有"察言观色"的潜意识，那么他们就会很在意自己的一言一行，所以对于自己的任何一句话，一个动作，都会小心翼翼，都会经过几番思量之后，才会表现出来，这种行为本身已经不再是我们要分析的微表情，而是经过加工的做样子。

这种做样子本身带有一定的目的性，他们或是想表现自己的冷静，或是想表现自己的能力，或者是要告诉你不要在自己面前耍"花活"，要么就是"针扎不进，水泼不进"的高度自我防卫。和这种类型的人接触，你就会发现，要想从他们的一些动作表现中得到真实的信息是非常不容易的事情，因为首先你得到的信息可能不是真的。

在说到微表情的时候，有一类人我们总是会单独分析，那就是专业演员，他们和有丰富社会阅历的人不同，他们能在很短的时间里把自己想象成另外一类人，从而做出这类人的一些言行做派，而我们普通人又很难察觉到对方这种做法的真实目的，就因为有了太多的伪装，所以即便是微表情专家面对一些人的表情也会有判断出错的时候。因此，微表情需要相对的分析及认识。

如何让别人喜欢你的脸

探讨微表情，我们一直以来以了解别人的内心世界，找准别人的性格为目标，其实在日常交往过程中，这一点并不是非常容易做到的事。了解别人的目的，最终的目的是为了相处得更好，从微表情的角度来讲，如果做到让别人"喜欢上你的脸"，那么结果就会很不一样了。

所谓让别人喜欢你的脸，讲的就是让别人接受你，从内心深处认可你，如果做到这一点，那么在以后的交往过程中基本上是无往而不利了。如果你觉得让别人喜欢自己的脸这一点很难，和自己的长相有直接关联的话，那么你就错了。我们看着一张脸舒服，往往并不一定就是因为这张脸很俊俏，很漂亮，而是因为它很"阳光"。这里的阳光指的并不是年轻，而是你的脸要传达出一种正面、积极的信号，所谓伸手不打笑脸人，就是这个道理。

有句话说，长相本身并不会令人讨厌，如果没有一副很好的容貌，那就想办法让自己看上去很有才气，如果没有把才气留在脸上，那就微笑吧。这里的微笑指的也就是要传递出积极正面的信息来。

一张隐者的脸能污染整个天空。这句话并非夸张。我们简单地构想一个很常见的场景。多年不见的同学晚上聚会，大家欢聚一堂，开怀畅饮，有说有笑，觥筹交错，你来我往，好不热闹，一般来讲，同学聚会大抵就是这样的情况，虽然很普通，没有什么新意，但是效果却一如既往的好，大家都很开心。但是，如果很多人围坐在一起，述说自己多年来的际遇，时不时地有人附和两句，其乐融融，也让人舒心不已，你却一直哭丧着脸，坐在旁边一句话也不讲，一点儿表情没有，好像所有人都欠你很多钱，或者是他们都是你的杀父仇人一样，这样别人还会很开心地毫不顾及你的表情而一直这么欢笑下去吗？显然不会。如果你一直都是这样的脸色坐着，要么就是你们这桌人解散，要么就是大家都闷不吭声地坐一晚上。这就是一张脸给别人造成的影响。事后，有谁还愿意和你更进一步地交往呢？估计他们这辈子可能都不愿再和你联系了。因为你不单是给自己找不痛快，也给别人带来了不痛快。

一般来讲，我们都愿意和外向、开朗、阳光的人打交道，多做更深入的交往。因为和他们在一起，你感受到的是轻松、愉悦、无拘无束，自由自在，但是如果你一直绷着脸，严肃，认真，或者是显得不可一世，或者是内向到别人问一句你答半句的地步，估计你只能和自己玩了。你留心看下身边的人，如果有个别人不管和谁在一起，老是喜欢眉头紧皱，那么这个人多半在生活中是独来独往，少有良友。

一些很细小的微表情，往往在人际交往的过程中起到很微妙的功用。

让别人喜欢你的脸，并不是很困难的事情，只要我们在和别人交往的时候，不要给对方压力，让他们感受真诚，轻松，不拘谨，那么多半就能达到不错的效果。如果你再做一些微笑的动作，来配合这些轻松的微表情，那么就事半功倍了。

比如说，我们和别人握手，这是生活中很常见的一种礼仪，很简单，也很快就能完成，但是你和别人握手的时候，如果稍微多停留那么一会儿，你在对方的心里就会留下很好的印象。再比方说，和别人说话的时候，并不需要总是用"我"做主语，如果可以的话，多用"你"

或者是"您"试试。这些虽然是很小的一些细节，但是谁又能否认，这些小细节在生活中不会起到大的作用呢？

一旦别人喜欢上了你的脸，那就证明是接受了你这个人。从人际交往的角度来讲，一旦对方接受了你，那就证明你们之间的沟通对你来讲是成功的，是取得了成就的。因为无论做什么事情，后面有什么形式的合作，对方接受你这个人才是合作的第一步。从微表情的角度来讲，要让别人喜欢你的脸，也不是非常困难的事情，只要用心，就能做好；而用心，这是一个态度问题，而不是技术问题！

第四章
身体语言"出卖"了他
——利用身体暗示看穿他人内心和性格

身体语言是微表情的重要体现。语言中可能会带有各种各样的虚假，但是你的身体姿态随时都有可能将你出卖。

姿态语言解码示例

不同的站姿有着不同的特点，并可反映一个人的性格特征。

心理解码：站立时，抬头、挺胸，表示健康自信；站立时，弯弯曲曲、头部下垂、胸不挺、眼不平的人，往往信心不足，做事犹豫、畏缩；不断改变站姿习惯的人，大多脾气暴躁，容易动火。

不同的走路姿势，可反映不同的性格轨迹。

心理解码：走路沉稳的人务实，矫健的人正派；走路身子前倾的人谦虚，高抬下巴的人傲慢；走路闲散游荡的人，无所事事。

坐姿是心灵的暗示，通过它能窥出一个人的心理动向。

心理解码：坐下来立刻跷起二郎腿的人，大多深具戒心及有不服输的对抗心理；大腿分开，脚跟并拢，两只手一般习惯性地放在肚脐的位置，决断力较强；膝盖并拢，小腿和脚跟成一个八字形，手掌相对放在膝盖的中间，比较害羞，容易脸红。

122

不同性格的人睡觉时通常会有不同的姿势。

心理解码：婴儿睡的人独立意识比较差；趴着睡的人自我保护意识比较强；仰面睡的人性格很中性，介于外向与内向之间；思念睡的人较外向，喜欢和人打交道。

一、身体姿势与性格的关系解码

每个人在生活中总会养成一些比较独特的个人习惯，比如有的人喜欢在看电视的时候吃点儿瓜子，有的人则喜欢喝杯饮料。一个人的身体姿势在长时间的生活环境中并在他自己不能察觉的状态中会形成固定的表情模式，这种表情模式和一个人的性格有很直接的关联。

不同的站姿说明不同的"问题"

仔细观察周边的人，你会发现每个人的站立姿态，除了男女之间的区别之外，都有自己的鲜明特征。这个特点就像是一个人的外号一样，虽然这个外号不是他本来的名字，但已经和这个人有了深度关联，成为了代表他的另外一个符号。

这种比较特殊的站姿不是个人故意做出来的，而是经过长期的习惯养成的一种自己都不知道的行为方式。美国夏威夷大学的心理学教授说，这种站姿和这个人的性格有非常紧密的联系。通过解读这种站姿，就能对性格做深度的剖析和挖掘。

1. 将两只手或者是一只手放于臀部

这种人最典型的特征是顽固不化。而且这种性格将会伴随他的一生，很难改变，非常固执。而且对事情的看法很主观，不是客观的就事论事的类型。

如果碰到不同意见，通常会说"反正我是这么看的……"但是，他们做事很稳重，绝对不会轻易作出任何决定，一旦作出决定，必定是经过深思熟虑的。并且自主意识很强，他们有很好的操控能力，有驾驭全局的本领。

2. 习惯性地将两只手放到口袋里

这属于内向型性格的人，很保守，你很少能听见他们吐露自己的心声，哪怕是最要好的朋友也不例外。不过这类人一般城府很深，别人很难猜得到他们到底在想什么。多疑是这类人比较明显的一张名片。

就像是《三国演义》里的司马懿一样。他们做事讲究的是步步为营，稳扎稳打，而不是冒险求胜。他们的警觉性高出普通人很多，所以，如果你想骗这类人还是小心的好，说不定他早已经将你的心计看得一清二楚了。

> 一个人的性格体现在不同的方面，穿衣打扮，吃饭走路都有一定的讲究，经常研究，仔细琢磨，就会发现每个人的与众不同之处，从这些与众不同之处解读对方的内心世界。

3. 两手叉腰

这是很典型的一种站立姿势，这类人总是给我们留下深刻的印象，他们开放、外向、自信，对自己有非常高的评价。这是一个开放型的姿势，说明他们在精神上有一定的优越感。同时这个姿势也表明，他对自己目前所处的环境感到很安全，很舒适，或者说他对面临的问题有绝对的信心，不然是不会出现这个姿势的。

4. 气宇轩昂型

这种姿势看上去就很有气势，有点儿古代将军出征的感觉，双目平视远方，脊背挺得直直的。这种站立姿势的人很开朗，外向型性格。也是非常有自信的一类人。看上去给人的感觉似乎这个人永远都那么开心，快乐。

5. 佝偻身体，腰弯下来

这种姿势多见于上了一定年纪的人，一般三十岁以前的人很少有这种站立姿势。这是一种防卫型很强的姿势，说明此时他缺乏安全感，没有信心，很封闭，此时的生活态度也比较消极，似乎惶惶不可终日，可能是生活的压力太大，也可能是面临着重大的精神压力。

6. 两条腿交叉站立

这是一种轻微拒绝对方的表现。出现这种站姿说明对方这个时候对你的态度是有所保留的，并没有完全对你放开，所以此时如果想得到对方的认可或者是想做更进一步的交流，那么就要想办法先让对方认可你，接受你。不过这种姿势也说明此时他缺乏自信，也可能是很拘束，对自己所处的环境并不是很习惯。

7. 背着手

这种站姿是一种典型的"领导者"心态。他很想以一个领导人的姿态出现在众人面前，很有自信心，对自己的成就（不一定是功成名就，一些小的成就也算）感到很满意。如果某人在一定的场合中背着手站着，就说明这时他的居高临下的心态很严重，也可能他就是这个场合的主角。

8. 靠着墙站

有这种习惯的人并不是很常见，如果见到一个人很习惯这样站着，那么这个人很可能是生活非常不得意的一个人。要么是到处碰壁，要么是自己的目标很少达成。在生活中，他们一直是失意者，自己也觉得很少有人像自己一样。他们一般很诚实，很坦白，对人没有太多的防卫，很容易接近，也很容易接受别人。

9. 不断变幻站姿

有的人站在那里一直不断地改变自己的站姿，并不是因为自己很累，只是一种长期以来的习惯。这种人的性格特点鲜明，脾气暴躁，很容易就动火。这类人一般生活中多压力，经常会有身心俱疲的感受。他们很喜欢接受挑战，并且思想并不稳定，经常改变自己的一贯想法，别人看起来很不适应，但是在他那里是常有的事。

走路姿势讲述"心情故事"

从一个人的走路姿势，可以比较准确地看到此时他的心情状况，是高兴，还是抑郁，他的生活状态是快乐的还是压抑的，他是个懒惰的人还是个勤快的人。心情不好，垂头丧气，"迈着沉重的步子"，而兴高采烈时，步履轻松，节奏加快。每种不同的走路姿势背后一定在讲述一个不同的心情故事。

1. 疾行

这是很不常见的一种走路姿势。一般如果不遇到很重大事情，我们是不会走出这种"疾"的感觉来的。此时内心比较紧张，但并不绝望，认为事情尚有缓转的余地，还没有到山穷水尽的时候，因此虽然走路很"疾"，却绝不会透露出慌张的感觉来。此时的脚步显得很沉重，这是控制自己内心的一种压抑表现。这种走路方式一般多见于男性，女性很少见到。如果有，说明此人事业心很强，很有魄力，不是贤妻良母的类型，但在单位能够独当一面。

> 不同的走路姿势就是不同的人生道路，也是不同的性格轨迹。一般来说，走路沉稳的人务实，矫健的人正派；走路身子前倾的人谦虚，高抬下巴的人傲慢；走路闲散游荡的人，无所事事。微小的差别，却是完全不同的人生，微表情对于走路姿势的解读就是对一个人性格的解读，对人生的解读！

2. 急行

和上面的那种走路方式相对应。这种走法一般多见于女性。典型特征是小碎步向前走。如果男性有这种走法，性格里阴柔的气息比较浓厚，程度严重的可能会有"娘"的感觉，或者是很内向，性格孤僻，不大愿意理睬别人。这种走法也是心情不安的一种表现，很焦虑，而且走路不是沿着直线走，时不时会在不经意间改变方向。

走路有这种表现的人一般很难作决定，经常犹豫不决，在一些需要决断的问题上时时下不了决心。

3. 慌张地走

这是一种走路的姿势，并不是说这个人此时就很慌张。咋一看像是小偷被警察盯上了，所以走路显得慌慌张张的，但如果是经常看见他走路，就会发现，其实他一直都这样。用这种姿势走路的人明显的特征是活力充沛。每时每刻都充满了干劲儿，对于生活中的挑战从不畏惧，之所以不害怕挑战，是因为他们对自己有很强的自信，相信自己能非常完美地解决生活中的任何问题。他们做事讲求效率，拖泥带水的事情不是他们能干得出来的。

4. 走路像是在跑

当然了是很慢的那种跑。这类人是非常典型的现实主义者，不但自己现实，还会嘲笑那些有"梦想"的人。他们的生活重心讲的是稳，万事以稳为主，所以好高骛远的毛病他们是不会犯的，他们经常挂在嘴边的一句话就是"三思而后行"，只要是做决定，就要琢磨很长时间，可以不做，但不可以犯错。所以他们一般能很好地完成自己的事情，把所有问题都处理得比较不错，但他们的创新精神很差，一味求稳的心理对于更远的发展阻碍很大。他们很讲究诚信，守承诺，自己绝对不会轻易相信任何一个人，但如果相信你了，你最好也能像他一样，如果你骗了他，结果可能不大妙，很可能他会记恨你一辈子。

5. 昂首阔步的人

这也是性格特点很明显的一类人，平时给人的感觉是充满自信。很有活力，精神气十足，只要你看见他，就会受到比较强烈的感染，这也是他们所希望发生的事情，因为他们总是在想办法让自己变得与众不同，给人留下较为深刻的印象，从而让别人记住自己。

6. 大摇大摆

这是一种比较浮夸的心态体现。这类人最明显的特征是对自己目前的生活状态十二分满意，也是自信的一种比较极端的体现形式。这种走路方式的人非常喜欢自夸，而且在自夸的时候，别人需要附和，如果有人提出不同意见，对他的打击是很大的，因为他们的内心非常自信，认为自己无所不知，无所不晓，眼里很少有看得见别人的时候，所以有人提出异议，这本身就是对他的一种否定。

7. 闲庭信步

类似日常散步。这种悠闲，缓慢的步调表现为两个形式。一个是散步般的慢行，再一个就是懒散的无所事事的徘徊。前一种比较安逸，没有不安，轻松自然，内心也平静，表现在脚步上，就是舒缓而有节奏，一个微表情就是一种心情，这种典型的闲散的步子，是微表情体现心理的一种非常生动的例证和说明。后一种不同，懒散者是无所事事的游荡，没有目的，没有思路，可能是原地打转，也可能是东一跟头西一跟头，混乱不堪，毫无章法，这类步调的人多数游手好闲，不求上进。

坐姿解码：人生性格的定位

每个人的坐姿都和当时的心情以及个人的性格有直接的联系。注意观察下，有的人喜欢并拢着腿坐着，有的人喜欢跷二郎腿，有的人则喜欢双脚交叉着坐。这些坐姿看似是不经意，恰好是这些不经意将他的性格以及彼时彼刻的心情暴露给了我们。

1. 古板的坐姿

这种坐法是腿和脚并拢在一起，两只手放在大腿的两侧。这是很古板，也很挑剔的一种性格表现。经常采取这种坐姿的人最明显的特点是不肯低头，这种个性让他在朋友以及亲人面前非常不受欢迎，他们从来不知道什么是认错，即便事实已经摆在眼前，他就是错了，但仍然不会承认。

有这种坐姿的人极度缺乏耐心，比如在开会，别人都能坐在那里听台上的人发表讲话，但是这种人不行，他们不是去厕所，就是找旁边的人聊天，总之是很难安静地听一会儿，在教导别人的时候，即便是因为自己没有说清楚，也不愿意多讲两句，所以这类人很不适合做老师。这类人非常挑剔，这倒不是完全针对别人，对自己他们也是一样的标准，但可惜的是，总是不能成功，因为他们的挑剔标准已经大大地超过了应该有的客观标准，可望而不可即。有时候他们看起来好像是很慎重，但其实多数情况下只是因为自己的挑剔性格在作怪而已。

2. 聪明的坐姿

这种坐姿是左腿放在右腿上，两只手交叉着放在大腿的两侧。这是聪明、自信的一种坐姿"微表情"。这种人的自信来自于先天对自己的信任，他们很少会怀疑自己错了，在和别人争论的时候，一般不会轻易承认自己观点的错误，同时根本不会在意到底对方说了些什么内容，不管说什么，他们自己的观点才是正确的，别人的多半错误。这类人一生都在为自己的梦想而努力，而且天赋很好，比一般人要聪明得多，这也是他们自信的一个根本原因。他们不但喜欢做领导，享受做领导的感觉，也有能力协调好各方面的关系。他们经常说"胜不骄，败不馁"，但一旦取得了不小的成就，得意忘形的姿态还是很明显。他们有远大的理想，往往不满于现状，不过有好高骛远的倾向，总是这山望着那山高，见异思迁，在感情上也很难在一个人的身上集中全部的精力。

3. 谦虚的坐姿

这种坐法是两腿两脚并拢，两只手放在膝盖上，很温顺的坐法，显得端端正正，四平八稳。一般经常采取这种坐姿的人多属于内向型，自己的感情世界非常封闭，不喜欢和别人来往，他们的朋友很少，朋友圈子小，但并不以为意，却很享受这种生活环境和生活态度，他们最大的特点是谦虚，绝不会出现狂妄不可一世的时候。在遇到事情的时候，总是首先为别人着想，所以这个特点让他们很赢得朋友们的喜欢。即便是朋友很少，也不缺少朋友，而且每个朋友的感情都非常不错，不是泛泛之交。对这种类型的人，别人一般都会很尊重，正所谓是你敬我一尺，我敬你一丈，有来有往。总体来讲，这类人的名声很不错，因为他们的为人很容易就让他在朋友圈子里获得好名声。

4. 果断型的坐姿

大腿分开，脚跟并拢，两只手一般习惯性地放在肚脐的位置。这种人的决断力很强，很有勇气，属于那种能"开疆扩土"的进取型人物，一旦他们做出了什么决定，就会立即采取行动，绝不会拖泥带水，在感情方面也是一样，如果他对某个人产生了好感，或者是喜欢上了某个人，就会很直接地找对方说出自己的感受。不过，他们在感情生活中并不总是得到另一半的喜欢，因为他们的独占欲望很强烈，所以对方的私生活会受到不小的影响。

5. 腼腆的坐姿

膝盖并拢，小腿和脚跟成一个八字形，手掌相对放在膝盖的中间。这种人非常害羞，很容易就会脸红，同样的事情，别人没有任何感受的时候，他就开始受不了了。在生活中，他们是典型的保守派，对新事物的接纳能力有限。不过他们对待朋友、亲人态度诚恳，愿意帮助别人，即便是可能因此而耽误自己的正事，也在所不惜。所以，只要你有事找他，一般只要一个电话就可以了，不用跑到他家里去当面和他说明情况。这种人的感情生活受到传统观念的强烈影响，有时候会有被来自家庭以及社会压得喘不过气的感觉。

每一个的坐姿就是一种人生性格的定位。通过观察坐姿的"微表情"我们容易在第一时间获取对方的真实内心以及性格资料，掌握先机，以静制动！

睡姿体现的性格秘密

生活中，睡眠对于每个人来说都是非常重要的，而且它的重要性不仅仅是恢复精力，良好的睡眠习惯还是身体健康的一个重要保障。既然是睡眠，必然就会有睡姿，回想一下你身边的人，几乎每个人都有不同的睡姿，这说明了什么呢？

睡姿通常是一个人无意识的身体语言，而不同的姿势是一个人微表情的重要体现。举个例子，你肯定见过有些人在睡觉的时候会露出微笑的表情，经常听老人说"有什么高兴的事情，睡觉也会笑醒"说的就是这类人。而且，你会发现，很多时候当一个人睡觉露出不同表情的时候，他的睡姿也是不同的。其原因是人在睡觉的时候是无意识的，但由于表情体现了人的内心，而内心促使其形成了相应的睡姿。

所以说，微表情与睡姿两者之间有一定的联系，而睡姿与一个人的性格又有着直接的关系，具体如下。

1. 婴儿睡

这是很常见的一种睡觉姿态。身体往右侧，右手放在枕头上，或者是放在枕头边，左手很自然地搭落在腰上，双腿很自然地弯曲。婴儿在母体就是呈现这种睡眠姿势。

这种睡姿的人性格比较有普遍的代表性，这种人一般给人的感觉很强悍，平时可能还是大大咧咧，其实内心很敏感。一点儿很小的事情就引起内心的波动，阵阵涟漪。

同时也是很没有安全感的一种人生性格。依赖性非常强，内心世界和平时表现出来的感觉截然不同。有时候较为软弱，甚至近乎无能，但倒也并不是个人能力的问题，而是性格决定了他们很害怕面对自己不熟悉的事物。

但对自己熟悉的东西，比如环境、某个人，有很强烈的依赖心理。所以一旦面临困难，他们多数情况下考虑的不是怎么去解决问题，而是怎么逃避，感性是他们的人生标签。

2. 趴着睡

先不说这种睡觉方式体现的性格问题，从健康的角度来讲，趴着睡觉会增加心脏的负担，对健康很不利。趴着睡时，脸转向一边，两手放在枕头的旁边。这是非常少见的一种睡姿。

经常用这类睡姿的人很喜欢热闹，人多的地方他们总是感到很亲切，很快融入吵吵闹闹的环境，胆子很大，但是脸皮有点儿薄，冷不丁的害羞表情会让人有大吃一惊的感觉，内心多多少少有些神经质的成分。

潜意识里，他们的自我保护意识很强烈，但并不知道该用什么样的方式来保卫自己，平时总是感觉到自己好像是防卫过度了。社交场合，他们习惯和别人保持一定的距离，即便不得已和你距离很近，但内心的距离依然会很远，因为他们的防卫心理让自己不会轻易接受一个人。同时他们以自己为中心，平时非常关注自己，而不是别人，有时候会很极端，内向型，内心封闭，保守。

3. 仰面睡

这种睡姿是中规中矩的一种极端表现。脸向上，平躺，两只手放在身体的两侧。这种睡姿的人性格很中性，既不过分外向，也不是很内向，他们很理性，极少会出现感情用事的时候。不大喜爱说话，你很少有机会听到他表露自己的心事，不喜欢一惊一乍，对自己和别人的要求都很高。

这类人的负面性格，就是刻板、保守、教条，过分强调原则和规则，灵活性不够，而且他的规则别人是不能改的；但如果从积极的一面来看，这类人耐性好，做事有始有终，不会轻易放弃，有韧性，持之以恒，而且很讲信用。

4. 姿态呈"大"字形

这种人很乐意接受别人的建议和意见，并且在自己的朋友需要帮忙的时候，一般不会含糊。这种睡姿的人，性格上通常有两种倾向：第一种是盲目乐观，他们对人对事的看法，态度并不是从人或者是事情本身出发，单纯就是自己的看法，而且持有的是积极、乐观的态度，他们很自信，甚至是自负；另一种是能力非常强，他们不畏惧伤害。两类人都缺乏对人的防卫心理，这一点和趴着睡的人正好相反。

5. 树干型睡姿

睡觉的时候身体一侧靠近床边，腿的弯曲度很低，两只手靠近身体。这类人最明显的特征是很容易就相信别人，即便是陌生人。所以如果他们经常受骗就不奇怪了。

这种人的性格中庸，既不是非常理性的个性，也不是很感性。人在侧卧的时候，手放在胸前是一种防卫的表现。就像是我们在和别人见面的时候，如果对方让自己觉得很不舒服，或者是有点儿反感，这时会本能地将两只手放在胸前，这种姿势表示自己的拒绝和防卫。睡觉的时候也是一样。

6. 思念睡

所谓思念睡，就是睡觉的时候，身体弯曲，成一个直角。这类人比较外向，很喜欢和人打交道。有些思念睡的人性格偏激的成分较多，甚至有点儿愤世嫉俗，对社会上的很多事情都有自己的看法，而且多数是批判性的看法。这种凡事否定的态度让他很难接受别人的观点，所以就显得有点儿顽固不化。

　　总之，不同性格的人睡觉时通常会有不同的姿势，而这些不同姿势有时候也表现了其表情所体现出来的心理。研究睡姿，能让我们对微表情有更加深入的了解和认识。

二、行为习惯与心灵状态的解码

行为习惯是无声的语言，它能将一个人的喜怒哀乐完完全全表达出来，而不用说任何话。不同的人有不同的行事风格以及不同的行为习惯。这种习惯就是一个人性格的镜子，从这个镜子里，我们能看到你是外向进取的，还是内向保守的，不管是什么类型的人，这面镜子始终都展现在我们面前。仔细探究这种不同人的不同行为方式，对方的心理动向将无所遁形。

不同的握手方式，不同的心理

握手在现代礼仪中是很常见的一种行为方式，握手的历史由来已久，这是从国外传到我国的一种礼仪习惯。在古代我们的先人打招呼的方式是拱手抱拳，现在这种方式已经废弃不用。

握手相对简单、容易，不会有太多的肢体接触，也能使两者之间的距离保持在一个恰当的位置上。但你对握手了解多少呢。

有人说，和有的人握手如沐春风，而和另外一个人握手，则有被拒绝于千里之外的感觉。不同的握手方式也能体现出一个人的心理动向、性格特点。

1. 握手力量非常大

这是比较不常见的一种握手方式，和他们握手会有被抓牢的感觉，很有力度，如果严重的话会有被捏疼的感觉。

这种人在日常生活中非常自负，对自己的各个方面十二分满意，不管是什么场合，都很喜欢逞强。主观意识强烈，一般不会轻易认错，以自我为中心，很难听得进别人的看法。不过他们一般内心比较热诚，很真挚。对人也很热心。不过这种热心的表现方式可能也会比较强势，所以不太容易被别人接受，尤其是并不十分熟识的人。性格坚强是这种人最明显的特点，绝不会因为一点点的打击而伤心气馁，很坦率，不喜欢伪装自己，更讨厌伪君子，所以如果和这类人打交道真诚最重要，表现出自己最真实的一面胜过千言万语。

2. 轻轻接触型

和这种人握手，还没有感觉到对方的手，他可能就已经拿开了，好像是很不愿意和你接触，或者有拒人于千里之外的感觉。握手时没有应该有的力度。他们的内心并不是要拒绝任何一个人，只是由于内向，所以很羞怯。他们是典型的内向性格的人，不喜欢和别人打交道。经常情绪低落，因为他们对生活的态度一向很悲观，即便是积极正面的事情在他们那里，可能也会变味。

3. 谨慎型握手

这种人在和别人握手的时候，手臂是弯的，尽管握手是一种开放性接受别人的姿态，但他们还是很小心地退居到自己的一方天地，不积极主动地去握。别人在握手的时候尽量往对方那里靠近，这是一种友好、接纳的态度，但他们往自己一方后退。这种人平时非常谨慎，属于典型的"小心驶得万年船"似的人物，凡事没有绝对把握决不做出任何实质性的决定，对待新事物的态度也很冷淡，封闭，保守。新思想、新科技并不能引起他们的兴趣，多数情况下对过去怀有很强烈的依赖和信任。

4. 迟疑型握手

这种人在别人伸出手后会迟钝一下，等待对方将手伸过来了，才会把自己的手递过去。有时候这种情况是因为一时之间没有反应过来，所以才会有迟钝的现象发生。如果将这种情况排除，这种人的性格也趋于内向。遇事不能迅速地做出决定，缺乏足够的判断力。这种人多数喜欢埋头干自己的事情，而不是去结识更多的人，所以他们的社交范围一般不广，人际圈子很小。还有一种情况就是这类人认为握手只不过是一种非常没有实际意义的社交礼仪，并不把它当做一种礼貌的行为，或者是应该有的一种规范，更不是热情与否的一种证明，好像是例行公事一般。这种人一般做事草率，与人交往缺乏必要的诚意，所以并不值得深交。

5. 长时间不收回自己的手

这种人你和他握手的时候，本以为意思已经表达到了，该收回自己的手了，但是对方还是握住不放。这是一种测试。这种情况下，先抽出手的一方一般耐力不够，两者相比，对方就占有了一定的心理优势。

6. 紧紧一握，立即松开

表面上看，这类人一般给人的感觉是八面玲珑，各方关系都处理得很妥当，好像和每个人的关系都不错。其实这不是事实的真相。他们一般很多疑，对任何人都不会轻易相信，即便对方的态度非常友好，热诚，他也不会轻易地相信，反倒是加倍提防，所以在握手的时候，为了避免对方摸清自己的这个特点，很快就将手抽回来。

此时他们有点儿紧张，手心出汗，虽然表面看上去非常镇静，漠然，泰然自若的，但内心却很复杂。所以手才会有出汗的现象，这也是要赶快收回来的原因。不过他能给别人一种很不易察觉的假象，这是因为这类人善于伪装，能用各种方式、言语将自己内心的想法掩盖，不被外人看出端倪。

点菜的风格折射的个人性格和心理

吃饭、用餐是人际交往过程中不可或缺的一个重要组成部分。而且有一部分朋友就是通过吃饭在饭桌上结识的。同时，通过和一些朋友、客户在饭桌上聊天，能够增进彼此之间的感情，加深相互的了解。

要吃饭，就离不开点菜，而在点菜的过程中，不同的人会有不同的行为表情，不同的表情也体现了这类人的性格特点，这一点如果你仔细观察，必然会发现其中的规律。这对我们了解对方非常的重要。也许有的人会说："酒过三巡，大家认识之后再去了解对方不是更好吗？"

当然可以，不过通常到了餐厅，彼此落座，等到酒过三巡，菜过五味之后往往就哥长弟短地叫开了。这时在座的众人多数都已经开始晕头转向，包括你自己，大脑可能也不大灵光了。这时你还能够客观地去了解对方吗？

所以，在饭局还没有开始之前，就通过点菜时的微表情把在座人的脾性、特点摸清楚，从而做出针对性的方案来。这样就能保证在复杂的人际关系里游刃有余，左右逢源。从而在饭桌上谈笑风生，推杯换盏，也能大打出手，拳脚相加，岂不更好。下面我们通过几个方面进行分析。

1. 完全按照自己喜好点菜

这种人不管在什么场合下，一旦菜谱到了他的手里，就会完全按照自己的喜好来点菜，不管是什么样的餐厅，何种就餐环境，饭局中有多少人以及这些人是什么样的身份，他都会表情认真地先点上自己喜欢吃的菜，似乎只要自己有的吃就行了。

这种人是典型的以自我为中心的个性，凡事不考虑其他人的感受，也不顾及别人的看法，行事风格一向是我是对的，你们都是错的。之所以表情显得很是认真，这与以自我为中心的强度有关，表情越是认真，以自我为中心的强度越重。不单单是点菜，在任何一种场合下这类人都有可能只是按照自己的爱好出牌，完全不知道还有客观环境和其他人的存在。

2. 理智型的点菜

亲朋好友聚在一起吃饭，如果轮到自己点菜了，这时该怎么点呢？有这样一类人，他会考虑很多，比如价格、荤素搭配、主人的承受能力、在场的朋友是否喜欢等因素，最后才做出决定点那个菜，而且他们在点菜的时候时间相对比较长，表情比较凝重。之所以表情会凝重，一方面表示自己对这顿饭的重视程度，另一方面说明自己考虑问题的全面性。

这类人一般很理智，生活中做出的一些决定，也都是经过仔细的思考之后的结果，他们很少受到感情的影响。他们很成熟，很稳重，给人以可靠的感觉，不管是同事、朋友，还是熟人都很信任他。能博取上司、领导的信赖。反之，如果单纯从自己的喜好出发，这类人是典型的享乐主义者，能享受的时候，绝不会浪费，有一点儿机会都不会放过。在朋友圈子里的口碑不是很好，但他们一般社交圈子比较大，不过朋友没有几个，真心的就更少了。

3. 参考他人点菜结果而点菜的人

这类人通常不会第一个点菜，就算是服务员将菜单第一个给他，他也会让给别人。因为他需要参考。比如，他看见旁边的人点的是红烧鱼，那么他就会找一个参考点，比如价格，点一个和红烧鱼价位差不多的菜。这类人的表情有一个特点那就是微笑，他要微笑着将菜单让给别人，同时需要微笑着点和其他人差不多的菜，给别人一种轻松感。

这类人是典型的谨小慎微的个性，在生活和工作中，他极少会出现失误，即便有，也是一些无关紧要的小问题，不会出现一些方向上的错误。有典型的从众心理，经常把自己给忘了，没有主见，害怕承担责任。在二选一的时候，即便是自己的看法百分之百正确，但只要有些不同意见，他很快就会放弃，转而支持不同的观点。

4. 参考服务员的推荐、介绍

先将服务员叫过来，让她就这些菜作出一个大致的介绍，然后再按照服务员的介绍作出自己的判断。比如，他们先让服务员介绍一些招牌菜，然后开玩笑似的有意无意地考他。将自己放在主导地位。如果你注意观察，这类人在与服务员交谈的时候是非常随意的，这样随意的表情并不是说明其有多么的亲和，而是在现场为了提升自己的主导地位。

这类人的自尊心极度强大，一点点小小的委屈都不能接受，很可能会闹得鸡飞狗跳。他们不喜欢被别人指挥，倒是很喜欢指挥别人。另外，这类人一旦做出选择，就会坚持到底，即便是错误的，他们也不会轻易改动。这种人的性格非常独立，外人的意见到了他那里只能是"仅供参考"。

每个人的性格体现在生活的方方面面，点菜虽然是简单的事，但其中蕴含的"微表情"足以让我们对每个人的性情做出比较准确的判断。仔细观察每个人点菜的风格，分析每个人的微表情，你会更加了解对方。

吃相蕴含着鲜为人知的秘密

所谓吃相，是指一个人在平时吃饭时的一种行为状态，而且这种行为状态是通过脸部表情而表现出来的。据研究，从一个人的吃相能够看出一个人的性格，而从微表情中也可以看出对方的性格，如果将两者结合起来研究，无疑对我们的研究很有好处。

不同的吃相是最好的性格说明书。心理学家研究发现，一个人的吃相和这个人的性格有很紧密的联系程度。这就为我们研究人类的微表情提供了一个相对崭新的思路和方向。不管是什么类型的人，吃饭是一定会做的事，而在吃饭的过程中，人处于放松的状态，这时候体现出来的就是比较实在的性格资料，而不是经过"化妆"之后的结果。因此，我们完全有必要根据一个人的吃相去了解、分析对方。

1. 风卷残云

好像是有人和他抢着吃一样，很快就将一大碗饭吃个精光，可能你才吃到一半的时候，他都已经点上了一根烟，慢条斯理地看着你了。这类吃相一般在男性的身上比较常见，女性基本不会出现。他们吃饭的速度之快，让人咋舌，就好像是几天没有吃东西了一样。当然，有一类人可能实在饿得不行了才会露出这样的吃相。但是有一类人，不管是饿还是不饿，都会表现出这样的吃相。

对于这类人，请你不要责怪对方的没有礼貌。这不过是因为他平时不拘小节的原因，这样的人很豪爽，有时候会有豪气冲天的感觉，就像是武侠小说里的大侠一样。是很值得交往的朋友，对人热心肠，能帮的忙一定不会含糊。精力旺盛是他们最好的写照。好像浑身有使不完的劲儿。说话办事干脆利落，有强烈的进取心。但缺点是性格太过急躁，而且争强好胜，这一点会为他带来不小的麻烦。

2. 浅尝辄止

和第一种恰好相反，每样东西都吃一点儿，并不多吃，然后露出回味的表情，接着下一道菜再吃一点儿，然后再次呈现回味的表情，也就是说每一种菜都会尝尝，但都吃不多。

这种人性格保守的成分较多，非常谨慎，对于没有把握的事情，即便是有机会也愿意再等等，而不是冒险抓住，因此会有错失良机的时候，不过很少犯错。

在做事方面，稳定是他们的特点，对于开拓而言，就毫无建树了。比如他知道去某个地方有一条路，以后经常走这条路，有一天有人告诉他，他走的那条路是条弯路，有更为直接，更近的路。这时如果是一般人多半会选择试试看，但是他不会，因为那条路他从来没有走过，有潜在的心理冒险成本。所以就不愿意尝试。一切新的东西对他而言，都只

144

限于听听而已，并不会付诸行动。

3. 细嚼慢咽型

这种人吃饭速度非常慢，好像是将吃饭当成了艺术创作一样，一个夹菜的动作会用很长时间，菜放在嘴里后也不急于去嚼，而好像是在思考。有时眼睛会盯着一个地方看，说他们在吃饭，倒不如说他们是在思考重大的人生课题。

这种人典型的性格特征是爱动脑子，喜欢耍小心眼，和别人比心计是他们的一大人生乐趣，对于自己的利益，锱铢必较。所以朋友很少，但有异性缘，异性的朋友不在少数。这种人的最大优点就在于凡事考虑得比较深入，很细致，不会出现一些低级错误。所以，如果将这种性格的人放对地方，将会取得良好的效果，比如做会计，就是不错的选择。这是一个需要耐心、细心，以及周详思虑的工作，他们来做再合适不过了。

4. 暴饮暴食型

只要是吃的东西，来者不拒。和这类人在一起吃饭，他们往往是第一个动筷子，最后一个放桌子。对于饮食从来不加节制，也节制不了。所以胖是他们的特点。和他们在一起吃饭，你可能会有一种被冷落的感觉，他们光顾着吃，脸上也没有太多的表情，只是把你搁在了一边，对于你的感受毫不在意。

不过这并不是他们内心的真实想法，不是他们没有照顾到你的感受，而是面对食物的时候总是这样。这种人是典型的直肠子，很少拐弯抹角，尤其对自己的朋友更是这样。该哭的时候就哭，该笑的时候就放声大笑。

5. 吃独食

这是很让人讨厌的一种说法，意思是说，这类人吃饭不喜欢和大家在一起，而是喜欢一个人安安静静地吃。吆五喝六，推杯换盏的场景他们不喜欢。他们吃饭的时候，表情总是显得很庄重，很严肃，就像是在工作一样。

这种人的性格谈不上内向，但是很孤僻，有点儿孤芳自赏。最典型的特征是沉稳，泰山崩于前而面不改色。有很坚毅的性格。责任心强，主要是自己说过话的，做出的承诺，一般能给出让人满意的回复。虽然他们平时不是很喜欢呼朋引类，但并不是表示他们在工作中也是英雄主义，工作当中，他们能很好地调动各方面的积极性，能非常出色地完成任务。这种人一般都能独当一面。

一个人的吃相会通过微表情中体现得淋漓尽致，看似日常中一个最为简单的行为动作，而其中却蕴藏着鲜为人知的"秘密"。

摇头并不表示否定

日常生活中就点头与摇头两个动作而言：一般来说点头是表示肯定的意思，摇头是表示否定的意思。但介于文化不同、地域不同，各地会产生差别。

例如，保加利亚人在表示肯定时是左右摇头，让对方看见耳朵，否定时则先将头后倒，然后向前弹回。而在叙利亚肯定时头先向前倒，然后弹回，否定时头先向后倒，然后弹回。点头除表示"是"、"肯定"之外，有时仅是向说话者表示"应和"的意思。认真的、有节奏的

"应和"，是向对方表示"我正在注意倾听你的说话"。若是机械地应和，频频点头，至多表示形式上的敬意和礼貌，实际上对说话的内容不感兴趣。这个动作实际上表示对方对你的谈话主题不感兴趣。如果你此时还继续你原来的话题，对方就会频繁地变换腿的动作，表示不耐烦了。

摇头表示一种否定，这种否定可以是针对他人，也可以是针对自己的。然而，否定并不代表一切已经结束。也许它正是希望的开始！就与置之死地而后生的意思相同。我们常说，世界上只有相对的事物绝没有一定或肯定的事物。因而，否定也可以创造出肯定。

据研究表明，摇头是人们出生后学会的第一个动作，起源于襁褓

> 人生充满了太多的不确定性。但这一切的不确定中并没有绝对的否定与肯定，个中不乏机遇与选择。重要的在于我们是否把握住了一丝痕迹，是否懂得了摇头并不一定就是否定这一游戏变动的规律。

中的哺乳时期，婴儿在吃饱之后，用来拒绝奶水或者其他食物。很显然，人们从孩童时候就已经开始用摇头来说"不"了，所以，看到摇头的动作，人们很自然就会觉得那是拒绝、否定的意思。其实，这种理解很片面，轻则会让我们犯经验主义的错误，重则会耽误了我们的社交大事。

昨天，小李又遇见了上次在饭局结识的王老板，王老板劈头就问："小李，你不是说要找我帮忙，怎么一直也没见你来呢？我可是一直在等着你的出现呢！"

听他这么一说，小李立马"晕了"，他不知道王老板葫芦里到底卖的是什么药，上次他在向王老板提及让其帮忙的事时，明明看见人家冲

他摇了摇头，怎么这次又主动提出要帮自己的忙，这到底是怎么回事？难道王老板是在说客套话？但看他一脸真诚的样子，又不像是在敷衍自己。

他疑惑不解地就斗胆问了王老板一句："王老板，我想问一下，您是真的想帮我的忙吗？"

被他这么一问，对方显然不高兴了，脸色阴沉地回答道："你看你这小伙子，我这么大个人了说话还能不算话？我是确实想帮帮你们这些有志气的年轻人啊！"

小李听到这里，索性把事情弄个明白，就又问了句："那我上次和您商量帮忙的事情时，怎么见您冲我直摇头啊，我还以为您是在拒绝我，只不过没有口头上说出来而已，所以，我就知难而退，没有再去找过您。您当时难道不是在拒绝我吗？"

王老板终于弄明白是怎么回事了，只听他大笑着说："你不知道，摇头是我的习惯性动作，我不光在拒绝的时候摇头，有时候，我希望别人继续讲话时也会摇头，吃到好吃的东西时也会摇头。这么看来，你这个小伙子是不懂心理学了，你可以翻翻心理学方面的书籍，那上面对摇头的含义做出了不同的解释，相信看过之后你就不会再那么单一地去看待我的摇头动作了。"

小李终于明白了，原来是他理解错了王老板的意思，这一错不要紧，白白地耽误了他这么长时间，要不然的话，他恐怕早就得到王老板的帮助，渡过如今的难关了。

看来，思维定式真是害死人，要不是一味地将"摇头"当成是拒绝的意思，要是当初小李多了解点儿心理学方面的知识，恐怕当时就不会对王老板的摇头动作做出主观臆断，认为是拒绝自己的意思，也就不会把自己找对方帮忙的计划给搁浅了，说不定，他的事业现在已经在王老板的帮助下上了一个新台阶了。

当我们将"摇头"具体到不同的场合，还会有不同的意义，所以，我们不能以偏概全，必须做到具体问题具体分析。

心理学上，大致有以下几个方面的解释。

第一种情况就是明显拒绝的意思。这时候，人们的头部动作会左右摇晃得十分明显，频率特别高，暗含着对对方所说的话非常不耐烦的意思，所以，这种拒绝的方式也最容易被我们识别。

第二种情况虽然也是摇头，但是，摇晃的幅度非常小，频率非常低，这实际上并不代表否定意味，反而还带着一种暗示，是听话者在暗示谈话人把话题继续下去，而他自己暂时没有发话的打算。甚至有些人在默许别人的一些话时，也会做出类似的动作。

第三种情况就是密切注意那些口头上对你大加赞赏的人，注意他们有没有摇头行为，如果他们一边摇头一边对你说"我一定会考虑你"、"我很欣赏你的作品"、"我们会合作得很愉快"，那么不管他们的态度多么诚恳，他们的摇头动作都是他们内心消极态度的体现，这对你来说并不是什么好兆头，所以，你一定要对他们多留点儿神。

第四种情况就是有些人会在得意的时候摇头晃脑，比如唱歌唱到高潮部分时，不自觉地会摇头，或者在品尝美食的时候，会一边吃，一边不断地摇头说："噢，真不错，真是美味。"

谎言信号的七种手势

谎言充斥着我们的生活，无论它是善意的还是恶意的。当人们在进行谎言传播时，也会有一定的微小动作，来遮掩或安慰自我内心的不安。那么现在让我们一起来识破 7 种谎言手势。

1. 触摸鼻子

触摸鼻子是指用手或手指在鼻子的周围摩擦触摸。说话者触摸鼻子意味着他无意识地掩饰自己不确定语言，甚至谎言；作为倾听者做这个手势则说明他对某一言行表示怀疑。

不过，我们必须记住一点，触摸鼻子的手势一定需要结合其他的身体语言来进行剖析解读，有时做出这个动作的人只是因为皮肤发痒、不适。

2. 用手遮住嘴巴

人们用手遮住嘴巴这一行为，表示了撒谎的人试图抑制自己说出谎言。当然，也有的人会以假装咳嗽或咽喉不适来掩饰自己遮住嘴巴的手势。

对于那些在会议上的发言人来说，如果在发言时看到有听众遮住嘴，那是令人不安的一个手势、一种信号。这表示听众认为你的发言隐瞒了某些事情、重点。遇到这种情况，应该立即停止发言并耐心地询问受众，"大家有什么疑惑吗？"或者"我看到一些朋友不太苟同我的观点，那就让我们一起探讨一下"。

3. 摩擦眼睛

当一个孩童排斥或者害怕看见某样东西时，他会用手盖住自己的眼睛。大多数成年人会通过摩擦眼睛的手势来企图隐藏眼睛目睹欺骗与令人感觉不愉快的事。艺人们常用摩擦眼睛的手势在艺术上表现人物的伪善与心理活动。

尤其男性在做这个手势时往往是躲开听话人注视的目光。

4. 拉拽衣领

当一个人感到不满或者失落的时候，会用力将衣领拽开自己的脖颈，好让凉爽、新鲜的空气传进衣服里，冷却心头的火气与焦躁不安。当有人在做这个动作时，你可以对他说，"劳烦你再说一遍，可以吗？"或者"有话但说无妨！"这样的话会让这个人露出他的破绽。

5. 抓挠耳朵

孩子们为了逃避父母的责骂与絮叨会用两只手捂住自己的耳朵，抓挠耳朵的手势恰是这一肢体语言在成人层面的表现。多数情况下，当人们觉得自己听得耳朵疲劳了，或想要说几句话时，也会做出抓挠耳朵的动作。

抓挠耳朵也意味着人处在焦虑不安的状态中。但在意大利，抓挠耳朵这一动作常被视为女性化的行为表现，更有被视为同性恋的表征。

6. 手指停在嘴唇之间

经常看到有些人会不经意地将手指放在嘴唇之间，这其实与婴幼儿在小的时候吃奶有很大的关系。婴儿在吃奶的时候会有一种特别安全的感觉，仔细观察幼儿你会发现，在孩子哭闹不止的时候，不管孩子饿不饿，只要让他嘴唇接触到奶嘴大多时候都会停止哭泣，这就是安全感在起作用。成年人也一样，他的表现方式是将手指放在嘴唇之间，或者吸烟、咬口香糖、咬钢笔等，这都是在极力寻找一种安全感。

7. 挠脖子

这个动作的表现形式是用手指抓挠脖子侧面位于耳垂附近的区域，通常会抓挠 5 次左右。主要说明的意思是当事人对对方的观点、意见疑惑或者不确定。

无心的眼神，不经意的微笑，细微的小动作，这些就可能决定了你的成败——即使这是一次千万元级别的商务谈判。是的，那些被我们所忽略的微小的身体语言，确实有着如此之大的魔力。

不经意的动作传达真实信息

除了手势这种小动作以外，我们更不能放过肢体动作这一细节。往往一些不经意间所做出的肢体行为也为我们传达着某些真实的信息！

之所以是不经意的动作，是因为经常容易被我们忽视，被我们认为是很普通的动作，没有什么可以值得研究分析的，对于微表情来说，这是一种错误的观念。很多不经意的动作里面包含着很多不为人知的真实信息。日常生活中，具体有以下一些动作需要我们去注意。

1. 爱边说边笑的人

这种人与你交流时你会感到气氛十分的轻松愉快。他们阳光朝气、性格开朗，对生活从不苛求，他们懂得"知足常乐"，富有人情味。感情专一，对感情格外珍惜。人缘口碑都不错，喜爱平静的生活。

2. 爱掰手指的人

这种人总是有意无意地把自己的手指掰得咯噔作响。他们精力较常人来说旺盛一些，和很多人都能谈得来，喜欢钻"牛角尖"。为人为事较挑剔，对于自己喜欢做的事情，会不择手段、不遗余力地实干。

3. 爱腿脚抖动的人

这种人总是无意识地喜欢通过脚或脚尖使整个腿部抖动；当然他们很自私，很少为他人考虑，凡事功利性很强，做人也小气，对自己的认识却很清楚。勤于思考，能发现很多有建设性意义的观点。

4. 爱拍打头部的人

这个动作通常是表示懊悔和自我谴责。他们待人苛刻，但对于事业有高瞻远瞩、改革创新的优势。这种人心直口快，也容易得罪人，为人真诚，有同情心，爱帮助他人，但经常祸从口出、守不住秘密。

5. 爱摆弄饰物的人

当然，这种人一般多为女性！性格比较内向，对于感情封闭得很严实。她们的另一个特点是心思缜密、做事认真踏实！

6. 爱耸肩摊手的人

这种动作表示了无所谓的意义。为人热情积极，真切诚恳，富有想象力、创造力，喜欢享受生活，心胸开阔，努力追求幸福，渴望生活在和睦、舒畅的环境中。

7. 爱抹嘴捏鼻的人

习惯于抹嘴捏鼻的人，喜欢与别人开玩笑，却又不是一个勇于担当的人，沉溺于哗众取宠。这种人喜爱被人支配，渴望有所依赖，行事做人犹豫不决，不懂得抓住机会，选择时常拿不定主意。

在心理学上我们以拥抱为例来进行探究。拥抱除了我们所熟知的表示亲密与热情的礼仪行为外，也被用来治疗某些心理障碍。心理学家们认为拥抱是对精神的一种鼓励，长期缺少和人拥抱，人会变得渐渐孤独、越来越冷漠，甚至漠视一切！

西方人认为：一个长时间不被他人予以拥抱的人，注定是孤独的；而一个长时间不去拥抱他人的人，是冷酷的，其感情是干涸的。拥抱是人类行为、语言、精神沟通的本能需求，对人有益无害。

美国著名心理学家赫洛德·傅斯博士曾说过："拥抱是人类最美妙的姿态，它能够消除失落、沮丧，使人体免疫系统的效能有机提高；还可以驱逐疲倦，给生命注入新鲜力，让人的心智变得更加青春。在家庭中，拥抱将可以加强家人之间的关系，以此来大大地减少相互之间的摩擦。"

然而在中国，很多人受传统文化中"克己复礼"的观念影响，家人之间几乎不拥抱。张学友在参加CCTV《艺术人生》时提到，他的母亲不仅是自己的生活导师，更是自己心灵的避风港；然而他在四十岁时才第一次拥抱母亲，并且为此而考虑了一个月。他个人觉得十分遗憾！毕竟，这个拥抱来得太晚了。

肢体语言无疑是人类生活中的第二语言。其通过一定的行为可以传递较为明确的信息，在情感上、思维上传达一种心理行为的状态。

微笑也神秘

在社会心理学科进行的一系列研究和实验后发现，微笑这一面部表情不仅是人的微表情行为，更是一种心理内在情绪的表达和人们心灵之间紧密融合的直观表达。

微笑这一表情有多种多样的形式，有时嘴角上扬，微微露出牙齿；有时嘴唇紧闭；有时双眼微闭；也有时下颚上抬。著名的社会心理学家——尼登塔尔关于以上微笑这一复杂表情解释说："做出面部表情仅仅是微笑的一部分，而如何解读微笑具有非常重要的意义。"

学术界期待建立相关的微笑实物模型，以此弄明白微笑的起源以及人如何引发微笑。

科学家们还发现，人与人眼神之间的交流对微笑有一定的影响。尼登塔尔让学生们仔细观察一幅幅关于人像的美术作品，其中一些画作中的人物将目光凝望远方，一些与学生眼神

> 看来微笑能净化情绪环境，解除郁积的不安和压力，使人们的生活得到鼓励、欣喜，使人们如坐春风、情趣盎然。

相对。之后研究人员要求学生欣赏画作的感染力，再用模板遮住作品中人物的双眼，让学生再次进行欣赏。结果，学生们发现作品中人物眼睛没被遮挡住时作品所富有的感染力将会更强。

通常，人体大脑会通过三种途径来区分微笑与其他一些表情，首先，通过一个人的脸部与我们脑海中的标准微笑的对比，判断一个人是否在微笑。其次，参考当事人的环境，判断他的表情。最后，从模仿的角度出发分析他的微笑。比如有的人看到别人笑了，自己会刻意地去模仿，这就是一种虚假的微笑。

后来，一些研究人员希望更进一步地探究关于微笑的心理状况与反应。他们发现，微笑往往起先于某种快乐的情绪，人们感觉越发快乐，他的脸部肌肉的收缩就越发强烈。不过，这并不一定，有时当人觉得无聊或者悲伤时，相同的脸部肌肉群也会有所收缩。这当中还有人因尴尬、矛盾、困惑而微笑，这多半会在人的下巴反映出来。

当然在生活中，微笑除了有着丰富的内涵外，它更多地表达一种愉悦的情感。

微笑是一个人自信的象征，有的人在遭遇逆境时，仍然保持微笑，好像什么都没有发生过一样。这种微笑往往充满着自信和力量，它好比耀眼的太阳，驱散乌云，把人的沮丧、沉闷、忧郁、惶恐、烦恼的情绪融化在光明之中。

第五章
情绪调节与自我掌控
——微表情与九型人格密码解读

微表情所要解决的问题就是要知人和自知，而这与九型人格有着异曲同工之妙。将微表情与九型人格相结合，我们将会从中得到更多的信息。

人格密码解码示例

古语说："知人者智，自知者明。"微表情所要解决的问题就是要知人和自知，而这与九型人格有着异曲同工之妙。将微表情与九型人格相结合，我们将会从中得到更多的信息。

心理解码：完美型的人格特征是，原则性较强、主观思维认定的事物不易妥协、爱恨分明、追求无瑕疵的完美、上进心很强、情感较脆弱。

心理解码：成就型人格特征是，的好胜心较强，常拿自己与他人比较、以成就考量自己的价值，注重形象，工作狂，不愿意表达内心的感受；总幻想得到人们的肯定。

心理解码：艺术型人格特征是，极易情绪化，追求唯美浪漫，害怕拒绝，主观意识较强，常忧郁、妒忌，生活中自我感觉良好。

心理解码：活跃型的人格特征是，阳光乐观，寻求新鲜感，赶潮流，排斥压力，厌恶负面情绪；爱创新、爱自嘲，总是寻找快乐与精神动力。

九型人格解码：

1.完美型

主要特征：原则性较强、主观思维认定的事物不易妥协、爱恨分明、对自己及他人要求很高、追求无瑕疵的完美、上进心很强、情感脆弱；总想自己可以让一切变得更加美好。

2.全爱型、助人型

主要特征：期望他人的关怀、可以迁就他人、喜欢别人对自己的求助、常忽略自我实际情况；是个十分热心的老好人，自愿付出爱给他人，看到他人满足地接受自己的奉献，会认为自己的生命有价值。

3.成就型

主要特征：好胜心较强，常拿自己与他人比较、以成就考量自己的价值，注重形象，工作狂，不愿意表达内心的感受；总幻想得到人们的肯定。

4.艺术型、自我型

主要特征：极易情绪化，追求唯美浪漫，害怕拒绝，总是认为他人不懂得自己，占有欲过剩，主观意识较强，常忧郁、妒忌，生活中自我感觉良好；放不下自己的爱和情感，总在不停地自我探索。

5.智慧型、思想型

主要特征：冷静思考，脱离主观情感，缺乏行动力，随遇而安，喜欢追逐精神世界的完美，不善于表达自己的内心情感；知识对于他们来说会是不错的安全感来源之一。

6.忠诚型

主要特征：行事谨慎，疑虑，喜欢热闹，为他人做事很用心，极易满足，不适应环境变化；坚信权威，性格矛盾、犹豫，大局意识很强，渴望被接纳。

7.活跃型、开朗型

主要特征：阳光乐观，寻求新鲜感，赶潮流，排斥压力，厌恶负面情绪；爱创新、爱自嘲，渴望过小资生活，总是不断地寻找快乐与精神动力。

8.领袖型、能力型

主要特征：功利性很强，看重实力，不依赖他人，有正义感，期待大的成就，身体力行的行动派，碰到问题能立即解决。独立自主，习惯依照自己的能力处事。

9.和平型、和谐型

主要特征：犹豫不决，爱面子，不懂得宣泄愤怒；不喜欢冲突，不爱出风头，极力避开所有的紧张环境，谋求事物能维持现状。忘记会让自己不快的事或人，尽可能让自己平静。

一、九型人格解读

九型人格别名"性格型态学"、"九种性格"，它是对人体性格、心理等一系列因素的解读。而研究微表情的目的是通过人们的应急反应来了解对方，因此两者研究目的是相同的。面对同一个应急情况，不同性格的人会表现出不同的表情，同样，不同表情反应的人，也体现了不同的性格。那么，如果将两者有机地结合起来，将更加有利于我们"看懂"对方。

什么叫九型人格

九型人格，又称性格型态学。指人在成长的过程中，按照人们习惯性的思维模式、情绪反应和行为习惯等性格特质，所塑造的 9 种性格，包括个人的活跃程度；对环境适应性与感兴趣的范围；专注事物的力度与持久性。当然还有人对某一外界刺激的反应强度，也就是本书所讲的主题——微表情。

同时，九型人格近年来也被世界各地的高等院校所推崇！数十年来已风行学术界与工商界。甚至在全球 500 强企业的管理阶层，也在学习九型性格的知识，以此期望企业走得更远。

当然，九型人格这门当下盛极风行且应用领域较为广泛的知识也是与其自身所散发的无限魅力相关的！它之所以越来越多地被人们接受、推崇，与现今社会的发展及个人不断完善自我的追求是分不开的。因为，人只有在充分了解自己与他人等周遭环境后，才能更加明确地迈向成功之路！

九型人格并非只是性格分析工具，它也为自我涵养提供深入的观察力。九型人格揭示了人们内在的价值观构成和关注力焦点，它不受表体的外在行为影响。它可以让人知己知彼，可以帮助个人了解自己的个性，以此认知自我、活出自己的特色。而这与微表情中通过他人的表情读懂他人是相同的。要将微表情与九型人格相结合，首先，我们对九型人格做一个简单的了解。

关于九型人格的起源与发展说，最早确立的时间没有准确的定论。然而，大多研究者都认为九型人格的起源十分久远，大概要追溯至公元前 2500 年抑或更早。近年以来，由美国加州斯坦福大学大力发扬，它的应用范围也越来越广泛（包括：人格成长、人力管理及维持人际关系的诀窍，甚至扩展至夫妻相处、教育子女方面）。

简单全面地来诠释九型人格，即完美型；全爱型/助人型；成就型；艺术型/自我型；智慧型/思想型；忠诚型；活跃型/开朗型；领袖型/能力型；和平型/和谐型。当然，每个人都会有属于自己的类型，我们称其为——基本人格型态。在生活中，就个人而言，一个人的基本人格型态是不会轻易发生变化的。但有时候人为了适应生存环境、社会文化需求，在不同的情况下会表现出不同的性格，而这可能并不是他原始的性格型态，这时我们就需要运用微表情的知识对其进行分析与判断，明白他的原始性格。

九型人格与微表情

要将九型人格与微表情完美地结合起来，对于九型人格的基本作用我们必须有一个完整的了解。首先，我们要明白九型人格能够为我们带来什么？

九型人格是一门讲求实际效益的学科，它可以帮助个人生存、成长，有助于企业发展与人际沟通，特别适用于人才招聘、团队协作过程中，以此为据来评价人员性格。九型人格将人格清晰简洁地分成九种类型，它会使人们首先明白"我是谁/你是谁"进而了解自己或者对方的思维模式，从而作出正确的决策或者行动。

目前，九型人格主要分为以下几种类型。

第一型：完美型。

主要特征：原则性较强、主观思维认定的事物不易妥协、爱恨分明、对自己及他人要求很高、追求无瑕疵的完美、上进心很强、情感脆弱；总想自己可以让一切变得更加美好。

第二型：全爱型、助人型。

主要特征：期望他人的关怀、可以迁就他人、喜欢别人对自己的求助、常忽略自我实际情况；是个十分热心的老好人，自愿付出爱给他人，看到他人满足地接受自己的奉献，会认为自己的生命有价值。

第三型：成就型。

主要特征：好胜心较强，常拿自己与他人比较、以成就考量自己的价值，注重形象，工作狂，不愿意表达内心的感受；总幻想能得到人们的肯定。

第四型：艺术型、自我型。

主要特征：极易情绪化，追求唯美浪漫，害怕拒绝，总是认为他人不懂得自己，占有欲过剩，主观意识较强，常忧郁、妒忌，生活中自我感觉良好；放不下自己的爱和情感，总在不停地自我探索。

第五型：智慧型、思想型。

主要特征：冷静思考，脱离主观情感，缺乏行动力，随遇而安，喜欢追逐精神世界的完美，不善于表达自己的内心情感；知识对于他们来说会是不错的安全感来源之一。

第六型：忠诚型。

主要特征：行事谨慎，疑虑，喜欢热闹，为他人做事很用心，极易满足，不适应环境变化；坚信权威，性格矛盾、犹豫，大局意识很强，渴望被接纳。

第七型：活跃型、开朗型。

主要特征：阳光乐观，寻求新鲜感，赶潮流，排斥压力，厌恶负面情绪；爱创新、爱自嘲，渴望过小资生活，总是不断地寻找快乐与精神动力。

第八型：领袖型、能力型。

主要特征：功利性很强，看重实力，不依赖他人，有正义感，期待大的成就，身体力行的行动派，碰到问题能立即解决。独立自主，习惯依照自己的能力处事。

第九型：和平型、和谐型。

主要特征：犹豫不决，爱面子，不懂得宣泄愤怒；不喜欢冲突，不爱出风头，极力避开所有的紧张环境，谋求事物能维持现状。忘记会让自己不快的事或人，尽可能让自己平静。

以上9种类型主要阐述了各个类型的处事、生活及一些行为习惯，而如果我们仔细分析就会知道，在这些不同的特征中，他们在表现的过程中所体现出来的微表情是不尽相同的，比如第八型"功利性很强，看重实力，不依赖他人，有正义感，期待大的成就，身体力行的行动派，碰到问题能立即解决"与第九型"犹豫不决，爱面子，不懂得宣泄愤怒；不喜欢冲突，不爱出风头，极力避开所有的紧张环境，谋求事物能维持现状"。在面对同一件事情的时候，做出的决策肯定是不相同的。因此，九型人格有助于我们了解微表情，更有助于我们了解对方。

人际交往的法宝

中国有句古话：知人者智，自知者明。显然，这在人际交往中是重要的利器之一。在日常生活中，我们常说，与人交往要以诚相待、多为他人着想等。但如果不了解对方，按部就班地与对方交流，不以实际情况灵活驾驭，则会受益甚微，甚至毫无意义。

无疑，九型人格是我们人际交往的法宝、利器。如果我们要与对方充分、深入地交流沟通，首先就要充分地了解他人，洞察出对方的心理状态。九型人格能够帮助我们做到这一点，而如果再加入微表情，那么，我们将会做得更加彻底与完善。

九型人格清楚地告诉我们，不同的人做事会有不同的风格或习惯。因此，我们应该采取不同的交流、沟通方式。比如运用九型人格来认识他人，了解他人的优、劣势及其行事的动机。

当然，每个人都有自己内心的秘密以及做某事的真正动机，然而，这些很多时候也只有他们自己最清楚。通过与对方的交流，我们可以挖掘出对方内心的一些真实想法，但对于有些人来说，这些东西只是一些皮毛，因为对方隐藏得较深，况且，一个人由于受家庭环境，职业范围等因素的影响，在九型人格中，有时即使是同一个号码，在现实表现中有可能也会有一些类似的情况。这时，我们就要运用微表情去解决这个问题。

某天一位高端汽车销售员王先生去拜访一位客户，因为之前王先生已经与客户有过多次的接触，对其有一定深度的了解。王先生明白，从九型人格的角度分析，这位客户属于1号人，在多次的交流中，客户都表现出了一种豪爽与热情。

这天，王先生在客户的办公室，与其进行了初步的寒暄之后，开始邀约成交，王先生说："经过我这几次的介绍，相信您对我们的汽车已经有了一个全面的了解，您看我们什么时候签合同方便呢？"

客户想了想，随即用右手指轻轻地揉了一下鼻子，接着说道："说实话，你们家的汽车确实不错，但因为是大量的采购，价格上公司领导还有一些意见，所以我们再考虑考虑，如果决定了我会主动给你打电话的。"

王先生听了之后，几次沟通客户都是豪爽之人，相信这是阻碍成交的主要问题之一，于是他说："说实话，在我的权限范围内，价格已经是最低了，我也明白你们公司的难处，这样我回公司之后与我们的领导沟通一下，看能不能协调出更好的方案。"

王先生回到公司之后，与自己的领导说了客户的意思，领导说这么大的订购量如果要再降低价格，自己也做不了主，需要和其他几位领导商议，而其他几位领导正好去国外出差，不在公司。

三天之后，出差的领导回来，经过商议决定降低价格，王先生得到这个消息之后第一时间与客户取得了联系，可让自己万万没想到的是，客户已经在别的公司订购了车辆，而且已经签订了合同。

经过询问，客户所订购车与自己销售的车档次相同，但价格上还要比自己高一点儿。很明显，客户那次说自己车的价格高是在说谎，这让王先生感到了一丝的迷茫，客户明明是1号人，之前也没有见他说过谎，可为什么会突然间说谎呢？

其实，对于案例中王先生所遇到的问题仅仅用九型人格分析是难以解释的，而我们如果运用微表情进行解释就能够说通了。客户用手揉鼻子是因为鼻子发痒，而鼻子之所以会发痒是因为人在撒谎时，鼻子里的海绵体容易痒，这个动作我们很容易发现，但因为撒谎导致鼻子发痒的细微表情我们是很难发现的。

如果这样说，九型人格是不是会被推翻了呢？当然不会，九型人格只是根据人的性格对一个人的行为、习惯进行分析，通常情况下他们会按照自己的习惯、性格做出相应的行为，但在特殊情况下，他们这种行为有可能会发生轻微的改变。这个时候，我们也很容易被误导。

因此，九型人格中加入微表情，让其共同发挥作用，必定会成为人际交往的法宝。

二、9 种人，9 种微表情

人在成长的过程中，除了环境影响性格之外，情绪对性格、特点的影响也是相当大的。也正是这些因素，造就了不同性格特点的人群，而这些人群各有所长，各有所短，所表现出的微表情也不尽相同，了解 9 种性格，了解 9 种表情，更有助于我们了解这些人群。

表情严肃的 1 号

在 1 号眼里，世界是泾渭分明的。他/她们爱恨分明，处事公平、公正，非常有原则。在作决策时，受外界的影响较少。另外，1 号的道德底线相较于一般人也高出一些。

有这样一则故事：

一次，一位善于研究人性的学者遇见了一位二十多年没有见面的老同学，这位老同学现在是某企业的领导，只见其衣着干净、整洁，头发一丝不苟。随便聊了几句之后，学者开门见山地对这位老同学说："虽然我们20多年没见面，但是你一定为官很廉洁，不会有灰色收入。"

这位老同学一听，随即说道："当然了，这是做官的本分嘛！"

接着，学者又说道："你在单位的人缘不是很多，肯定得罪了不少人吧？"

这位老同学有点儿好奇，问道："不错，我当经理十几年了，确实得罪了不少人，你肯定听我们同学说的吧？"

这位学者笑着说："当然不是，因为你是1号人，我只是根据1号人的特点进行了猜测而已。"

这位老同学听了之后，眼睛流露出了佩服之情。

的确，因为1号公正。他不但对自己要求严格，而且要求上司与周围的人也不能犯错，上司或下属以及周围的人一有做错的地方，他就会不顾对方的感受或情面而指出来，因此，这类人很容易得罪他人，赢不得众人的好感，升官当然会难了。这也是这位学者猜测准确的原因之一。

> 表情严肃者1号，在他们的眼中，一切都有待改进。他们从不满足于当下，永远想穷尽一生改善自己所不认同的一切。于是，他们做起事情来通常是一种严肃、认真的表情。

每种性格的人特点不同，那么所做出的表现也会有所不同，就好像很多花的枝干都是有针的，但它们的种类可以不尽相同。1号性格的人既然有这样的特点，那么在微表情上自然也会表现出他的与众不同。

1号总是怕做错事，因此，

很少有不好的习惯，总是一副非常淡定、自信的表情，这种表情能够加深对方的信任感。

由于 1 号性格的人比较正直，有时候会有一点儿固执，比如为了一个小问题，他会和他人争论很久，并且有不分输赢不罢休的决心。而且他们的微表情也会很有意思。

小王的岳父就是"纯正"的 1 号人，1 号性格人的特点他几乎都有。有一次，小王和妻子去岳父家，由于正好是中午，所以就和妻子与岳父在一起吃午饭，在边吃饭边聊天的过程中，小王的妻子无意间说道："小时候，你对姐姐和哥哥都好，就是对我不好。"

岳父听了之后，马上露出严肃的表情，说道："你小的时候我对你挺好啊？你说说我哪里对你不好了。"

小王的妻子接着说："你就是对我不好。"

岳父依然很严肃地说："让我想想，我对你们姊妹几个都非常好，不行，你得给我说说……"

于是，从中午 1 点到下午 3 点老爷子一直在争论这个问题，直到小王的妻子说要回家了，老爷子还是不让，依然严肃地说："不行，这要说清楚，我到底哪里对你不好了……

其实，在职场类似于这样的事情我们也经常会遇到，比如上司对 1 号下属说："这件事情你做得不好。"1 号一般是不会接受的，他会面露严肃之情，说："先生，这件事情本应该……"于是，后果可想而知，1 号会把这件事情一直纠缠下去。

感情是 1 号最不擅长的。对于感情，1 号的处理方式总是消极，他会把过剩的精力都投入到工作当中，以此来淡化感情。1 号对他人总是不太放心，他始终操劳着许多事务。1 号有一种惊人的耐力。他做事喜欢精细、准确！1 号习惯把别人的意见全盘否定，他不喜欢做选择。因此，1 号的表情大多时候是严肃、认真的。当然，我们也可以观察类似于这种表情的人，来分析他是几号人。

总是微笑的 2 号

在生活中，2 号是什么样的，我们先来看几个故事。

场景一：

公共汽车上，2 号看到一位老人上了车，立即站起来非常热情地招呼道："老人家，来，来，您坐我这里。"老人高兴地坐下后，2 号站在老人旁边看着窗外的风景，心里很是舒服，因为他帮助别人了。刚过两站，老人家就站了起来，2 号以为老人不好意思，要起身让座，于是忙把老人摁在座位上，热情地说："没事，您坐着。"又过了一站，老人又不安地站了起来，2 号又摁住老人，仍然热情地说："您看您，好好坐着吧，我站着就行。"老人一脸尴尬地说："哎呀，我都坐过站了。"

场景二：

中午，一位邻居来敲 2 号的家门，2 号开门后，邻居问道："不好意思，能借点儿盐吗？我记性不好，明知家里快没盐了，总是忘了买。"2 号面带微笑，热情地说："没问题，正好我也在做饭呢，酱油、醋、葱花都有，缺什么尽管说。"

晚饭时，2号把下午购物时买的东西整理好后，便去敲邻居家的门，然后热情地递上一包盐说："我今天去超市购物，顺便给你捎了一包盐。"

场景三：

这天正好过节，儿女回到家中与父母一起吃饭，2号准备了一桌丰盛的饭菜，在饭桌上，2号看到大家用餐，很是高兴，可是一个孩子却没怎么吃，2号便不断地问道："为什么不多吃点儿啊，是不好吃吗？我给你再做点儿其他的吧！"

没错，2号人就是一个典型的喜欢协助他人的人，他热情周到，总是渴望与别人建立良好关系，以人为本，也乐于迁就他人。2号不追求金钱与权力，对于他们来说，算账是很烦琐、很麻烦的事情，所以他们最不喜欢斤斤计较，甚至不精于管理自己的钱财，对于自己口袋里有多少钱通常也只是知道个大概。另外，他们以能够成为别人的需要，满足别人的请求为乐，却很难主动开口向别人请求帮助。正因为有这些本质，他们的微表情总是笑容满面的样子，通常很少有满脸愁容的状态。

2号受人喜爱的一面是乐观，慷慨大方，他们是团队中的润滑剂。他们喜欢没有冲突、纷争、讲究合作的团队，也善于把团队凝聚起来。他们能运用天生的同情心，来帮助别人，赢得别人的感激，但不足的是，并不是所有的帮助都是令人感激的，2号善于付出，却也有控制欲，甚至不等他人开口便主动出手帮助别人，他们享受这样的乐趣，但从不考虑自己的"帮助"是否让别人舒服，是否是别人所需要的。即使2号露出一些生气的表情，大多也是为了他人着想而表现出来的。

2号喜欢别人喜爱他们，也非常敏感，他们的内心渴望被爱，希望从他人的感激中感受到自己的价值，他们渴望被认同，害怕孤独和不被喜爱，有时会有些骄傲和自负。他们甘于牺牲的同时，占有欲也强，心里有本详细的感情账簿。在顺境中可以无条件地付出爱，在逆境中则蛮横无理，操纵性强，对人有过分的要求。2 号典型的代表人物特蕾莎修女，天主教慈善工作者，1979 年获诺贝尔和平奖。她一生都服务于慈善事业，甚至临死都不忘自己的病人。又如中国台湾歌手邓丽君，也是典型的 2 号人格者，她早年出道，挑起养家的重担，却依旧很快乐，情路坎坷，每次真心付出后却都以伤心结束，面对媒体及公众，总是以微笑示人，很少会表现出伤感的表情。也正因为如此，她永远保持着温柔，如兰花般动人。

2 号类型常挂在嘴边的是："有什么需要帮助尽管说"，"别客气"，"你歇会儿，我来做"，"没问题"等这类比较委婉温和的话语，而且都会露出非常肯定的表情。

如果 2 号是女性，根据九型人格来分析，她会很居家，是可以相濡以沫，白头到老的对象。如果有一天她变心了，那肯定是她被伤害了，只有心被伤透了，她才会去另觅他所。2 号普遍都喜欢谈恋爱，而且会很认真，不喜欢玩感情游戏。对于自己喜欢的人，他们会根据对方的要求来塑造自己，为了满足对方甚至完全地忽视自己。在恋爱这个阶段我们会发现，2 号表现出的很多表情都是友好的。

对于当上司的 2 号，由于性格影响，他平时对待人的表情可能会有一些变化。比如，他会对一些基层员工特别好，也很有可能会偏袒那些听自己话的人，对这些人的表情是真诚的。而对于不服从自己的人，则会放置不管，所以，在沟通中，对他们的表情就会显得有些敷衍。也就是说，在管理中经常会大量地掺入自己的感情，不能客观地看人，有时甚至溺爱员工。在这种情况下，工作中很容易出现小帮派。

与 2 号交流时，要特别注意他们的表情，在他们过多地付出后，你要用你的表情告诉对方，来强调他的重要性，传达你对他们的欣赏，比如感激的微笑加以点头。对他们进行批评时，不要总是板着脸，用温和的表情进行说服教育，这对他们来说会更加有效。

完美表情 3 号

从九型人格分析，3 号总会把自己最完美的形象展示在众人面前，充沛有活力，喜欢挑战，追求成功，狂热工作，极需得到别人认可，是把价值都建立在鲜花、掌声、荣誉上的人。比如 3 号买了一部车，他首先会打电话告诉朋友，如果朋友只说："知道了"，这还远远不能满足其心理需求。他一定会开着车跑到朋友家楼下，让朋友亲自看看他的新车不可，这才是一个完美的过程。也就是说他是追求完美的一类人。基于这种性格，那么在表情上也会追求更加的完美。比如笑不露齿，在公众场合通常不会放声大笑，不会有夸张的表情。如果在一群人为了某事而大笑的时候，有人还是温文尔雅的微笑，那么他可能就是九型人格中的 3 号人。

3 号的气场通常很强，总是让人过目不忘，因为在外表上，他们特别注意自己在公众前的形象，在没人或自己非常熟知的圈子内会较为放松一些，比如出现放声大笑的表情。但出门必定是光鲜动人的。同时，他们总想让别人看到自己好的一面，喜欢逞强出风头；有激情，容易跟人打成一片，目标感较强；喜欢学习与工作，工作狂多是这类人；所以，有时他们的表情手势会较为夸张，但绝对不会影响他们的美感。

顺境中的 3 号常常拥有天皇巨星般的魅力，在谈判领域有很多的佼佼者，他们口才极好，能说会道，表情较为丰富，常常会用丰富的表情来辅助自己的谈话内容。比如好莱坞影星汤姆·克鲁斯，不管在电影中还是在各种公众场合，他的表情总是那么的完美且具有吸引力。在不到 40 岁的时候，就拥有自己的制片公司。这些成就与他的性格及完美的表情有很大的关系。

> 3 号是重视名利的实用主义者；他们非常注重自己的形象，总把自己最好的一面展现给他人，喜欢出风头；也充满着自信与活力，有魅力，积极追求，一生都在追求成就感，是理性主义者。因此，在表情表现上，会趋于一种完美状态。

逆境中的 3 号则属于躁郁型性格，急躁且急于求成，为达到目的会不择手段，投机性强。喜欢说谎，如果做不了有成就的事，他会选择做一些小事来吸引大家的关注，喜欢用一些微不足道的成就来自欺欺人，因为他最害怕的就是没有成就。因此，我们会看见这样一类人，当同事有较大的成就之后，他会做一些小事，并在成功之后露出自信的表情，以此来告诉其他人自己的存在。

王先生是某汽车销售公司的二级销售主管，在工作了多年之后积攒了一些积蓄，因为喜欢汽车，所以狠下心来买了一辆属于自己的汽车，又因为自己本身在汽车公司，所以价格很是优惠。买完车后他向老家同学打了电话，告诉自己买了车，并承诺在五一放假后开车回家。电话中他并没有表现出自己的喜悦，而是用平常谈话的口气说了买车的事情。

自从有了车之后，王先生工作更加积极了，可是世事难料，因为经销商的问题，他所管理的二级地市销量迅速下滑。而刚进公司不久的一位二级销售主管工作却做得如火如荼，销量遥遥领先。领导看到这种情况后，找到王先生谈话。

领导首先对王先生近期的业绩进行了严肃的提醒，并进行了适当的批评。领导想，面对自己的批评王先生肯定会做出相应的保证。谁知王先生的表情一直很是淡定，不高兴也不难过。

之后的一个月，王先生亲自下地市，对二级经销商进行督促销售，虽说销量有所提升，但是与那位刚到公司不久的主管相比业绩还差得很远。在月末开会的时候，他向领导汇报了自己地区的销售业绩，当说出这个月的业绩比上个月有所增长的时候，他环顾四周，脸上露出了一丝的自信。

3号性格的人有领导才能，当他是上司时，他只信奉：只许成功，不许失败。他乐观、积极，令人感到自信与能量，所以这类人在开会的过程中，经常会呈现出一种坚定且自信的目光，以此来引导对方情绪的变动。比如在激励大会中，他首先会呈现出坚定且自信的眼神，然后大声说："今年我们一定会完成任务目标，大家有没有信心。"这种表情加这种问话方式通常会迫使其他人回答："能。"这就是3号最擅长的微表情，在一定阶段具有相当的杀伤力。

为了呈现出最完美的表情，3号很善于伪装，而且这种伪装有时候会让自己都觉得这就是真的。比如在感情方面，从九型人格来说，他寻找自己的终身伴侣时目标明确，他要求对方必须有必要的特长值得自己炫耀。如果3号图钱，那他就一定会找个家里很有钱的，至于容貌品质方面差点儿都无所谓。而如果 3 号本身很有钱，他想要的是美貌，那他肯定会找一个漂亮的，哪怕是"花瓶"也不在乎。而在达到这些目的时，他当然不会表现得那么露骨，在表情上很难表现出自己的喜欢或者不喜欢。比如 3 号希望自己的对象是有钱之人，而当对方告诉 3 号家里贫困时，他不会立即表现出不满或者失望的表情，依然会很高兴地与其交谈，之后不久，他们可能会因为其他理由而分道扬镳。

在与 3 号交流的过程中，不管他们表现出何种表情，都要谨慎地去对待，经常夸赞他们的成就，表扬他们做得对的地方。如果你觉得惊讶的事情，告诉 3 号之后他没有表现出一丝的惊讶，那么请你不要惊讶，他们的这种表情对于他们来说非常正常，因为你说的事情在他们心里已经有数。

表情丰富的 4 号

首先我们还是从九型人格中分析，4 号的表现具有艺术气质，活在自我感觉中，受情绪的影响较大，常常会表现出独特惊人的一面。在微表情中也是一样，他们徜徉于自己的情绪世界里，我行我素，随着心情的变化，会表现出不同的微表情。

因为他们经常觉得自己与众不同，认为自己很独特，所以，容易对别人的批评反应过激，也容易对事情产生误解。比如，当领导对其进行批评时，他会表现出不满的情绪，低头，眼睛看窗外等。而当领导指导其正确的行事方法时，他的表情又会变得严肃、认真，并且这两种表情的衔接是很顺畅的。因此，我们可以说4号是表情丰富的一类人。此外，他们想象力丰富，有创意思维，拥有艺术气质和细腻而敏锐的审美观，占有欲强，需要感情上的依靠。

4号大多时候是个人主义者，凡事都从个人的感受出发，他们喜欢新颖独特的事情，对于没有经历过的事情都想要去摸索体验一番，不甘于平淡。因此，这类人的内心一般都很丰富，比如着装上，4号每天都可以给你不一样的感觉，这是他们表情丰富的原因之一。

近期在娱乐界有一名号称"表情帝"的表演者叫杨迪，他在给我们带来无尽欢乐的同时你会发现，他的表情是非常丰富的，每次面对媒体或者主持节目的时候，他都会表现出各种各样的表情，歌手黄安娱乐性地称之为"死不要脸"。虽然这种表情是刻意做出来的，但是这与他平时的生活习惯及个人性格有极大的关系，如果平时他是一个很严肃的人，那么要做出类似的表情是非常难的。就算是通过后期的努力做出类似的表情，显得也不会那么的自然。

从这里可以看出，在九型人格上，杨迪就是一个纯粹的4号人，表情丰富的背后，体现了他的个人性格。这类人受伤后不会轻易跟他人说，他们喜欢自我疗伤。受伤后从表情看很是平静的他们，实则内心早已波澜起伏，但不必替他们担忧，因为这种痛苦对他们来说是一种享受，表面忧郁的他们可能内心正获得极大的满足感。

4号通常喜欢幽默，这是其表现丰富表情的渠道之一，有这样一个事例：

李先生前几天买了一台车，因为驾驶不熟练出了小车祸，腿部擦伤被送进了医院，朋友们都来看他，只见他的腿部缠着纱布，打着石膏。于是朋友关切地问道："怎么样，严重不严重？疼不疼啊？"

李先生扬起嘴角，眼睛斜看着这位朋友说："这算什么，我才撞伤了一条腿，我进医院的时候碰见的另一个朋友，两天腿包得跟粽子似的，那才叫惨呢！"

这就是 4 号，幽默的表情加上幽默的语言，总能够化悲痛为欢乐，活跃现场的气氛，为大家带来欢笑。

4 号的表情有时是静态与幽怨的，这是因为他们骨子里透着孤独与凄凉，因此也喜欢阴郁的天气和忧郁的感觉，喜欢读格调忧郁、凄凉的诗词。如李清照的"寻寻觅觅，冷冷清清，凄凄惨惨戚戚。乍暖还寒时候，最难将息"。顾城的"黑夜给了我黑色的眼睛，我却用它来寻找光明"。他们讲话时一般语调柔和，措辞很是小心翼翼，声调有高有低，不会很刻板、很单调，也不会用大嗓门去喊。他们的语言有着刻意的优雅，生活节奏比较慢，不喜欢大动作。

4 号人之所以表情丰富，这与他们表情变化的频率有一定的关系，因为 4 号是较为多情的一类人，而且自身往往拥有吸引异性的独特魅力，如果一旦受伤，就会自我封闭，不理睬人，露出幽怨的表情，而且这种表情非常容易发现，这为我们分析对方的九型人格有很大的帮助。

基于以上几点，我们在与 4 号人相处时需要注意，首先要赞赏他们的创意、敏锐与洞察力。要学会认同和接受他们的思想，让他们坚持自己的风格，体谅他们的感受，在他们面前尽量避免高声说话、动作粗鲁等，不要做带侵略性的动作。想要帮助他们时要找合适的时机，在他们需要的时候再伸出援助之手，而不是无缘无故地去做。不要试图去干扰他们的情绪、环境、私人空间等，对于过度敏感的他们来说，一定要学会包容他们的过度情绪化。也不要因一些你认为惊讶的表情而惊讶。

表情认真的 5 号

九型人格中的 5 号，表面看常常表现得较为冷静，不会大喜也不会大悲，不怎么喜欢说话，反应也显得有些迟钝，喜怒都藏在心里，很少表现在脸上，总体给人一种深沉而有内涵的感觉。基于这种性格，所以从表情上说，他们通常表现得较为认真。即使是别人认为可笑的事情，他也会用一种好奇的眼神去思考其中的原因。比如"太阳为什么要升起"、"人为什么要吃饭"、"小鸟为什么在天上飞"等这类问题，大多数人会觉得这样的问题太可笑了，而他会认真地去思考这些问题，甚至会用好奇的眼神思考人们的不理解。

逆境中 5 号的表情会给人一种冷血的感觉，其原因是这类人在遇到困难的时候，当丰富的学识帮不了他什么，也就是在没有取得一定成就之后，很容易变得愤世嫉俗，神经过敏，甚至不愿意出家门，会让自己陷入一种孤立的境地。在这种情况下，如果你与对方交谈，会发现对方脸上有一种抗拒或者心不在焉的表情，

> 通常，5 号认真的表情可能会让我们或者气氛变得紧张，对于这类人我们需要做的不是改变其表情，让其微笑着或者幽默地对待我们，而是客观、认真地与其交流，必然会赢得其好感。

如在你很礼貌地盯着对方的眼睛说话的时候，对方眼睛看向其他地方同时做其他事情。这是一种逃避的表情，因为他失败了，但是他又不想让你看到自己的失败，为了保持心中的那份"成功"，所以他会以这种表情来抗拒。

5号通常被称为"思想的巨人，行动的矮子"，如果把表情与其行为结合起来，我们就很容易发现这一点。比如你让5号去做一些事情，首先5号会表情严肃地答应你，但他不一定马上会去做。他会极力地去找做这件事情的方法与技巧，想象和研究做这件事情可能会发生的情况。最后再非常淡定地站在你面前，表情认真地说："您看我这个方案如何，如果我们这样做绝对不会有问题的。"而且从他的表情中可以看出他是非常认真的，而且觉得很成功，不会因为只想到了做这件事情的方法没有实施的操作而愧疚。当然，如果对方在说这些话的时候显得过于激动或者有一种掩饰的表情，那么他就不是5号。因此，我们可以看出5号是善于思考的一类人，思维敏捷，这类人适合做领导。

在讲话的过程中，5号的语气通常是比较平淡的，但会表现出一副很有深度的表情，比如5号领导在讲话的过程中，表情严肃认真，在讲完一段话之前的几秒钟，会向四周环顾一下，声音虽然不是很洪亮，却非常具有感染力。

在工作中，同样也是如此，他们脸上的表情不会有太大的变化，因为他们信奉"知识就是力量"。当他们是企业领导、上司的时候，通常都很有学者风范，显得有深度，处理事情有条不紊。而就是因为脸上表情变化不明显，常令下属感觉冷冰冰，让人难以捉摸与接触。

但是，你跟着这类上司做事的时候，你从来不会感觉到不公平，因为他们通常比较理性，什么事都用数据说话，好就是好，不行就是不行，公正而苛刻。

王倩是某医疗器械销售公司的一名销售员，他在这个公司工作已经有 3 年的时间，业务熟悉，由于有很好的口才，工作出色，人际关系很是不错，又因为领导是一个很健谈的人，所以彼此之间的关系相处得甚是不错。

但是，最近由于总公司在外地开了分公司，王倩的老领导被调到外地做领导，本公司在外边重新又招了一名新领导。

对于这位领导，王倩第一印象觉得此人很不好相处，与他是否能够像上一任领导一样和谐相处是一个很大的问题。因为在领导的欢迎会上，新领导讲话时表情非常严肃，与上一任领导风趣幽默的讲话方式大不一样。在说完一段话之后，他还会严肃地扫一眼在场的同事，认真、冷酷的表情让台下的很多同事都无法接受。

会后，王倩想，怎么样才能和这样的领导处好关系？这样在讲话中都面无表情的领导在工作中肯定会让他们不好过。随后他又想，上个月朋友从云南带来了一包茶叶，自己平时也不怎么喝。于是，这天在汇报工作的时候他把这包茶叶拿给了这位新领导，谁知新领导表情严肃地拒绝了他的"心意"，并公正客观地对王倩的工作进行了评价。

案例中的新领导在九型人格中就是一个 5 号，这在他的表情中就已经有所体现，如通常在讲话及与员工沟通的过程中，表情严肃认真，不具有幽默细胞。所以，从一个人的表情中，我们也可以判断出其在九型人格中属于哪一类型。

对于 5 号这类人，如果他们是员工，在遇到困难的时候，作为上司发现对方表情认真地在考虑问题时，请不要打扰他们或者立即让其作出决定，应该给予他们一定的时间进行思索。

当然，并不是说 5 号这类人的表情永远都是那么认真的，只是通常他们在做事的时候会表现出这种表情，其目的就是希望自己或者大家都能够重视这件事情，或者在向大家透露这样一个信息，如"这件事情一定要完成，绝不能够有任何差错"。或者说"我在认真地做这件事情，我有信心完成这份工作"。

从九型人格探讨这类人的交际，除了要尊重他们的私人空间，让他们单独自由地去思考、决策外，还要确定自己的表达方式是委婉的邀请，而不是强烈的要求，对他们发出赞叹时要真诚，永远不要怀疑他们的能力，他们是一群高智商的人；跟他们谈话时要有逻辑，鼓励他们多做一些比较切合实际的活动，要学会包容他们的优越感。

忧虑中的 6 号

之所以说 6 号的表情通常是忧虑的，这与九型人格有很大的关系，6 号对未来充满焦虑，他是活在未来的人，如果 6 号有了钱，他可能会去买保险、买房子等，但很少会买股票，因为他受不了股市那样大的起伏。而且 6 号总是未雨绸缪地去做一些事情，有了钱也不会马上花光，他会考虑到老了怎么办，失业了怎么办……

有些人可能不会去想 20 年后的事情，而 6 号则会把 20 年以后、30 年以后，甚至是死之前的事都想到。因此，6 号在考虑某些事情的时候脸上总少不了恐惧或者忧虑的表情。

王兵在单位工作兢兢业业，时间久了，老板也非常放心，有一次，老板把他叫到办公室说："现在有一个项目，我已经考察过了，基本不会有什么问题，这个项目就交给你做了。"

王兵仔细看了老板递给他的文件，随即露出忧虑的表情，皱着眉毛说："这个项目好是好，但万一……如果……"

老板说："你去做吧，这个项目我看过，不会有什么大的问题，做好了能给公司带来很好的效益。"

王兵出了门后，觉得不对劲儿，10分钟后拿着文案又来找老板，依然用那种担忧的表情问道："老板，如果这个项目做成，3年后市场出现动荡怎么办？"

老板非常坚定地说："这个你不用操心，只要在规定的时间内做好这个项目就成了。"

看到老板这么坚定地回答，王兵走出了办公室，继续自己的工作。

其实王兵就是一个标准的6号人，他们就是这样，想得太多，以致总是有一种忧国忧民的表情，在做事或者与人交流中，缺乏魄力。

在日常交流中，6号常常会说一些"慢"、"等等"、"让我想想"等类似的词语，在说这些词语的时候必然会流露出一种忧虑的表情。而且他们还会本能地说"不知道"。比如，你去一家店里气势汹汹地问6

> 九型人格中6号的表情虽然通常是忧虑的，但是我们不可忽视其忠诚的一面，运用得好，这类人可以成为你最强的"左右手"。

号工作人员："你们老板呢？"他会马上回答："不知道啊！"其实他知道老板就在办公室，他之所以这样回答是因为他觉得"不知道"比"知道"安全，并且还可以起到缓冲的作用。

因为6号总是有太多的顾虑，心中的压力通常比较大，因此在交流的过程中眉毛总会下压，这是典型的忧虑状态。如果在处理某件事情的时候，当对方出现这种表情，你可以问对方："你认为该怎么办呢?"此时对方的心里就会有准确的答案，通过这样一问，他马上就会一条一条地说给你听。在对方分析完之后，如果你鼓励他说："去干吧，出了问题我担着。"这时对方忧虑的表情马上会变得坚定，因为他心里踏实了很多，他要的就是这句"出了问题我担着"的鼓励。

九型人格中的 6 号还是一个忠诚的人，比如南宋抗金名将岳飞，少时勤奋好学，练就了一身好武艺。19 岁时投军抗金，令金军闻风丧胆。但由于为人耿直忠诚，成了奸臣秦桧的眼中钉，绍兴十一年十二月二十九日，被秦桧以"莫须有"的罪名毒死于临安风波亭。

当然，岳飞生活中的表情我们当下没有办法去研究，但是在大多数眼中，岳飞是一个不苟言笑的人，他除了忠诚之外，就是脸上那种忧国忧民的表情。如果我们去岳王庙，会发现岳飞除了威武之外，脸上还有这种忧虑的表情。也就是说，6 号人的性格决定了他们在人们眼中的印象，也决定了其在平时所表现出的一些表情。

大众之所以对 6 号的表情有这样一个印象，这与其性格及处事方式有很大的关系，一般情况下，6 号不容易与别人建立关系，因为他们疑心重，容易质疑，但如果与这类人有了深入的往来，关系就会变得稳定持久，他会永远对你忠诚和守承诺。

同时，6 号通常缺乏安全感，当有朋友或团队支援他时，他就会很自信，没人支援，特别是在身处逆境时，他会表现为妄想狂性格，什么都怕，怕被出卖、被欺骗，怕别人对他有敌意，怕一个人不能活下去……此时他会显得格外谨慎与懦弱，使得自己缺乏行动的勇气，感到极度焦虑。这也是他们脸上常显忧虑表情的因素之一。

研究 6 号的微表情及九型人格，其主要目的是了解对方，与其进行良好的沟通，那么，对于这类人，我们应该如何去对待呢?

如果 6 号是你的下属，管理 6 号时要注意在他采取行动前给他足够清晰的指引，让他明白危机与陷阱在哪里；提醒他走一步是一步，不要望得太远，以免产生不必要的焦虑感，不要想着自己可以改变游戏的规则，给他足够的时间去适应，并且以身作则，说到做到，这样会赢得一位相当忠诚的下属。

被 6 号质问时要保持友善的态度，一起探讨帮助他找到答案。生活中与其相处时，要懂得欣赏他们的忠诚、才智和克服危机的能力，与他们沟通时要有耐心，鼓励他们朝事物好的方面看。

善变表情 7 号

在九型人格中，7 号是一个全能的且随意性很强的人，也正因为如此，他的表情通常也是较为随意的，也就是说前一秒钟可能是微笑的，而后一秒中就可能会哭泣，不要觉得夸张，没错，由于性格的关系，他们的表情通常都有这样一个特点。

在顺境中，7 号的表情及动作能够很快地活跃现场气氛，因为他们的快乐及对社会上的热点话题、流行因素等的了解，这对他的创造性思维贡献了不少。一走入人群就会微笑着喊："美女"、"帅哥"，迅速地和大家打成一片，豪爽地大叫着和你聊天。不管是认识的人还是不认识的人，他都可以用这种表情对待你，甚至还会让你产生怀疑："这个人是不是我以前就认识呢？"也许，当你离开现场之后，他可能就会去问身边的人:"那个人是谁?"原来他根本就不认识你。

这就是这类人的表情魅力,让你不得不和这个不曾相识的人打成一片。因此,他交朋友差不多都是这样信手拈来,而且效果非常好。

对于7号,有微笑的让人沸腾的表情,当然也会有让人不寒而栗的冷酷表情,比如在没钱没自由的时候,这时他是非常痛苦的,因而会表现出粗鲁无礼,对人具有攻击性,甚至还有犯罪倾向,这时你看到的表情就不像是之前那么美好了,而是会让你感到害怕,比如你和他的意思,他可能会眼睛瞳孔睁大,恶狠狠地盯着你,这表示对你的一种威胁。

其实对于7号的笑是非常有意思的,他们要么大笑,要么不笑,很少有微笑的时候,也就是时常处于两个极端当中,主要原因还是其善变的性格。他们很少会礼节性地冲着你微笑很长时间。

7号的性格与表情结合起来往往会有让人大吃一惊的感觉,曾经有一位年轻人叙述了这样一件事情:

有一年春节回老家,因为老家是甘肃农村的,而我工作的地方在郑州,距离比较遥远。身边还带着一个大学同学,准备去我们那里好好欣赏一下农村的风景,一路上,我和我这位同学一直说我们家乡的历史及一些名胜古迹,同学听到津津有味。

下车之后,我们刚走进我们村子,迎面碰见一个从小一起长大的小学同学,刚一见面,只见对方用惊奇的眼光看着我说:"哎呀!终于见到你了,原来你还活着啊。"

我同学一听这话,吓了一跳,以为是我的仇家,顿时做出了防备的状态,我急忙也说:"你都没死,我怎么会死呢!要死,你也得死在我前面啊!"同学听了我这话,更是有点儿不知所措,这时,我这位小学同学就哈哈地大笑了起来,开始嘘寒问暖,准备待几天、什么时候走啊等一些关心的话。

回到家后，我大学同学疑惑地问我："你这位小学同学好奇怪哦，刚开始那么的凶，而后来却对你那么的关心，似乎关系很好的样子，他脑子是不是有什么问题啊？"

我急忙解释说："当然没问题了，从九型人格上说，他属于7号，他这种性格加之表情总会让一些陌生人感到诧异，不过这类人对待朋友绝对没的说。"

大学同学听了恍然大悟……

为什么我们要把九型人格与微表情综合起来分析？就是因为不同性格的人面对同一件事情，他通常的表情是有所不同的。对于以上这种情况，如果不是7号，那么他可能就会微笑着问你近况，并关心你，绝对不会有前面那些惊人的语言及表情。

如果你的朋友是7号，当你遇见他的时候，他用这种践踏别人的语言及表情问候你的时候，那么你一定不要生气，也不要问其原因，而是用同样的方式及表情给予还击，这样他反而会觉得自然，气氛才会和谐。

由于7号积极乐观的心态，以及总是喜欢尝试新鲜刺激的东西，因此，他们有着多种才艺与本领，与一般人相比，他是一个全能的人，正因为这一点，他会赢得很多人的好感，由此，脸上还经常会浮现出一种自信的表情，尤其是在交际中，特别容易发现这类人脸上的这种表情。有些人在这种场合下自信表情可能会让人感到异常的厌恶，因为自信里面含有清高或者骄傲的成分。而这种人不同，他的自信非常具有吸引力，更能引起其他人的好感，这就是不同的人表情与表情之间的区别。

最直观的表情 8 号

> 表情的直观体现了这类人的性格，也体现了这类人内心的想法，读懂其表情，抓住九型人格之特点，有助于与 8 号更好地沟通。

通常，一个人经过社会一定时间的洗礼，会变得有一些圆滑，虽说不同性格的人表现程度不同，但为了适应社会，总有那么一些圆滑的因素在里面。从一个人的表情角度来说，那就是伪装。比如，有的人在与众多人聚餐的过程中突然听到一件不利于自己的消息，这时他的心情肯定是不好的。但是，有的人为了不影响其他人的心情，会把这种不高兴的心情隐藏起来，虽然心里不高兴，但表面上依然会用礼貌的表情与大家交谈。而有的人则不善于伪装，他会把这种不高兴直接通过表情表现出来，也就是说他高兴就笑，不高兴就沮丧、愤怒，这类人就是 8 号，经常会用表情表达心里真实感受的一类人。和这类人打交道，我们不用与其过多地玩心理战游戏。

8 号还有一个特点就是握紧拳头，伸出食指指人，下面我们通过一个案例来了解 8 号的这一特点。

办公室里气氛异常的压抑，让王先生觉得呼吸似乎都有些困难，他不知道为什么会这样，但也没有勇气去打破这让他难受的气氛，因为他只是来这个公司上班第二天的新员工。也许其他人都习惯了这种气氛，都在做自己手头的事情，而他因为这样的环境始终有一些分神。

就在这时，主任走出了自己的办公室，用非常严肃的表情扫了一眼所有员工之后，严肃地用手指指着李潜说道："你，去见某某客户。"又指着贾芸说："你，把这个文件送到某某局"……

主任在交代这些工作的时候，王先生的心不自然地跳的快起来，心想："主任这是怎么了，为什么交代工作这么严肃呢，难道公司有什么不好的事情发生吗？"

只见主任交代完工作之后，招呼大家在会议室开会，坐在会议室，王先生看到主任的表情瞬间转变了，主任微笑着说道："这次我们有一个非常重要的项目，这个项目做成了不但能够带来巨大的经济效益，而且还能够让我们公司的名声远播……"

听到这里，王先生顿时明白了其中的原因，他用严肃的表情分配任务是因为他当时在说这件事情的时候心中非常重视，同时也是为了让接受任务的同事更加重视这项任务。而在开会的时候微笑愉快地交谈，是因为他在说这个项目的时候想到巨大的经济利益及以后的优良影响，心中是非常高兴的，所以他的表情也是愉快微笑的。

案例中王主任所表现出的表情及表现形式从九型人格中来说就是8号，他们的心情大多都会写在脸上，心情与表情往往可以同步。因为情绪变化比较快，他们表情的变化也比较快，用一句我国的俗语"变脸比翻书还快"来形容这类人最合适不过了。

可能是因为他们善于用直观的表情告诉人们自己心中的意思，所以8号人喜欢做领导，喜欢指导别人去做事，不过，正是因为这样的控制欲，也往往会激发他们爱管事情的欲望，比如在团队中，他们往往最积极，想要表现自己，什么都想管一管，一副领导的表情。比如再小的一个人员招聘会，他们也会亲自上阵把关，充分体现自己的权力。

正因为如此，8 号逆反心理很强，他们反感被别人控制，他们受不了别人在自己面前指手画脚，占领主导地位，控制局面，完全抢了自己的风头。所以，8 号往往比较难顺从于他人，对于别人的指手画脚，他们往往选择反其道而行，就好像"你让我往东，我偏不，我就要往西"。比如你和 8 号是平级，你让 8 号做一件事情，他会表现出不情愿的表情，嘟噜着嘴或者装着没听见。也许你认为，就算对方不愿意为自己做事情，也不会表现出反感的表情，应该找一个借口推脱才对。其实你错了，这类人不会找借口推脱，更不会用微笑的表情掩盖他的不悦。所以，对于 8 号，如果你们是平级，最好不要轻易以领导的口气让他为你做某些事情。

因为太过于感情用事，所以他们的情商往往不会很高，因此在生活及事业中，他们也是大起大落之人。这类人很有主见，能够给人一定的安全感，也善于关心和保护朋友，他们永远都知道朋友在想什么，需要什么。他们懂得怎样最有效地运用自己的力量，去积极地支持有价值的事情。如果你是 8 号，试着去改变自己的情绪，并尝试着去控制它，适当地运用一些伪装的表情，这样你的事业会更加顺利地发展。

在与这类员工相处时，我们需要注意：因为职场中的 8 号上司很强势，勇敢、认真，讲究公平，但喜欢干预，控制欲也强。面对 8 号员工，有矛盾时不要急着与他辩论，要鼓励他学着去称赞别人，提醒他处理事情的各项要领。他们要求公正、被尊重和直接沟通，因此要对他们讲真话，有意识地培养他的领导能力。生活中我们要欣赏他们的力量、自力更生的本领和正义感。不要取笑他们，也不要火上浇油，干脆而直接地与他们交流，不要兜圈子。

善于点头示好的9号

在人际交往中，给对方点头示好，露出友好的表情，是每个有交际常识的人都会做的事，因为这样可以拉近与对方的距离，建立良好的沟通关系。但是，九型人格中的9号对于这一行为却非常的擅长，可以说这一行为是这类人最大的特点。通俗地讲，无论你提出什么样的意见或者决定，大多数情况下9号都不会坚决地去反对，首先他会用微笑的表情加以点头对你表

在生活中，如果在沟通中他对你的观点总是微笑点头，表现出很友好的表情，不管是对还是错，对方都不做评价，那么不要怀疑，这类人就是9号。不要让其表情干扰你对此人的心理判断，而应该结合九型人格中9号的性格综合分析。

示友好。用九型人格分析就是：他不懂得拒绝别人的要求，只会说"Yes"，不会说"No"。9号不会做出故意挑衅别人的行为，就算是受到挑衅，他也只会一笑置之，因此他的一生中不会有什么敌人。

在生活中，这类人就是我们通常说的"老好人"，仔细观察这类人你会发现，他们总是给你一些肯定与赞同的表情，而且在你心目中，他似乎是你最好的倾诉者。

刘先生是一名挖掘机销售员，每天的工作就是跑市场找客户，维护

老客户，虽然工作只有一年的时间，但是由于其良好的沟通能力，对客户把握得也比较准，而且他有一个最棒的杀手锏，就是在与客户交谈的过程中，他能够通过客户的表情马上判断出客户的购买意向、客户对产品的看法以及客户心中的要求，正是有了这样一种能力，所以他的销售业绩一直不错。

可是，最近遇到了一位客户，在沟通了几次之后，让他丈二和尚摸不着头脑，最后却不知道如何下手，这是什么原因呢？

客户是一位私营老板，已经买了一台挖掘机，为了扩展业务想再买一台，这位客户是经刘先生的朋友介绍而认识的。

第一次拜访是在这位客户家里，进门之后刘先生首先非常礼貌地做了自我介绍，客户听了之后马上面带微笑，主动伸出手与刘先生握手示好，随后刘先生说明了来意，并介绍了几款产品，客户听了之后微笑着点头说："嗯！不错，你这机器比我现在用的老机器先进多了，看来还是新产品好啊！"

听客户这么一说，刘先生非常高兴，觉得这个生意肯定有戏，为了稳定客户，他也没有提出成交邀请，探讨了一下产品就回家了，并准备下次再次拜访。

3天之后，刘先生又来到了这位客户家里，客户依然是非常高兴的样子，这次刘先生带来了一些公司产品资料，以及一些关于本公司挖掘机的视频资料，并用笔记本当场给客户进行了播放。

客户看了之后不断地点头，似乎很满意的样子。看到客户这种表情，刘先生心里更加有底了，随后他提供了产品报价表，但依然没有提出成交邀请。心想，给予客户一定的考虑时间，下次拜访带着合同一定会成交的。

第三次拜访客户是在两天之后，刘先生带着合同及售后服务协议书，满心欢喜地来到了这位客户家里，客户表情、态度依旧，这让刘先生更加放心了。因为凭自己以往的经验，如果客户不认可自己的产品，肯定不会在第二次以及这次拜访表现出这么友好的表情。所以，刘先生在进行了简单的寒暄之后，便拿出合同，提出了成交邀请，谁知客户拿着合同点头微笑着说："你们机器确实非常好，但是我外甥也是做这一行的，他给我介绍了几款，我想再考虑考虑……"

听到这话后，刘先生倍感意外，因为如果客户对自己的产品有异议的话应该在前几次拜访的时候表现出来，而他为什么总是表现出满意的表情呢？这让刘先生很是疑惑。

其实，案例中的客户从九型人格分析，属于典型的9号，如果刘先生了解这类人的特点，那么对他所表现出来的态度及表情就不足为奇了。

在9号的心里，他们只想生活在和谐、舒适的环境里，所以总是迎合着他人的步调，也要避免冲突、矛盾的发生。而为了保持这种状态，他们的表情以及态度都会迎合你的想法，为了避免矛盾的发生，他们会微笑或者点头示意，但绝对不会轻易地口头肯定承诺一些决策性的意见。正因为如此，他给了销售员刘先生一种错觉，让善于琢磨客户态度、表情的刘先生误以为客户肯定了自己的产品，然后就会购买自己的产品。

除此之外，9号还有较强的自律能力，是一个懂得爱护亲朋好友的"老好人"。比如两个朋友甲和乙闹矛盾了，9号来进行调解，当甲说自己有理时，9号首先不会反对，他会用认真的表情倾听，并不断地点头，甲心中的委屈顿时减少了很多。而在面对乙的倾诉时，9号还会表现出同样的表情，并不断点头。乙心中的委屈此时也会减少。就这样，通过9号这样的调解，甲和乙之间的矛盾便会慢慢地化解。这也就是9

号的另一大特点："和事老。"

案例中9号的这一微笑点头示好的表情还体现了他另一特点，那就是"拖"，因为总想着维护好关系，所以很难作出决策或者给予对方肯定的答案，也容易让对方产生误解。比如当你托付9号做一件事情的时候，一天做完的事他会拖两天甚至更久，而当你问情况时，他会非常客气地说："正在做。"你可能会认为发生这种情况是因为他能力不够吧，其实最主要的原因还是他总想迎合他人步调的心理，而且给人的表情总是不拒绝也不肯定。

第六章
用“微表情”说出你的优势
——表情比语言更有说服力

不要小看一个小小的表情,有时它能够让你“化险为夷”,事半功倍;更能够和你犀利、严谨的语言相媲美。

表情传递解码示例

俗话说："日有所思，夜有所梦。"表情也是如此，一个人内心的想法总能够通过表情传递给外界，可以说是："心有所想，情有所露。"

心理解码：眼球经常性往右上方运动，代表的是视觉想象，意味着喜欢思考、想象；眼球经常性往右下方运动，代表的是思考能力较强，而且思维缜密，但心思太过细腻。

心理解码：眼球往左上方运动大多是回忆过去的表现，怀旧是他们的典型特征；眼球经常不自觉地往左下方移动，代表其逻辑思维能力较强。

心理解码：抿起嘴将上下嘴唇很紧地合在一起，有拒绝任何东西进入的意味，表示此人内心处在烦乱之中，不太希望有新的内容引入，也常常表示对自身状况的不满。

心理解码：嘟着嘴往往表示的是对某件事情的不满。但情侣间出现嘟嘴的表情有更多撒娇的味道，这个表情常见于女性。

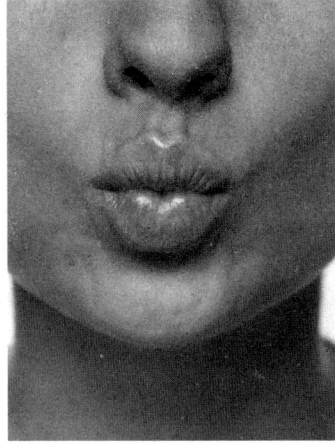

眼球运动方向解码：

1. 经常性眼球往右上方运动

眼球经常性往右上方运动代表的是视觉想象。比如你要去相亲，当天晚上你可能会想明天相亲会是什么样的一幅场景。此时你的眼球就在不自觉地往右上方运动。一般来讲，往右上方运动代表的多是幻想、虚空的。眼球经常性有这个动作的人喜欢做白日梦，并不是他自己不知道这个行为很可笑，但是很难控制自己。有时候他们的一些想法、看法和普通的逻辑不相符，也可能是他们经常性的思考，有了一定的结果，所以思维跳跃幅度比较大，一般人跟不上这个节奏，这是有可能的。如果你认为经常喜欢做白日梦是一个非常负面的习惯的话，那就错了。因为这类人很喜欢思考、想象，所以他们的创造力，创新精神，能力比一般人要强，而且，如果将这些想法变为现实，加以实践的话，说不定会有很大很超前的成就。

2. 眼球经常往右下方运动

眼球经常往右下方运动代表的是个人的情绪、感受、身体的接触等。比如恋爱时的感受，摸到冰凉的石头等这些情况下，人的眼球就会往右下方运动。经常有这个动作的人思考能力特别强，而且思维缜密，不过心思太过细腻。这类人有一个共同的特点：疑心重！他们和别人交往的过程中，总是不自觉地对别人的一言一行产生一定程度的怀疑。别人无心的一句话，能让他们思考很长一段时间，这个时候，他们就会变得很敏感，同时也像是个福尔摩斯，在那里独自推论，看看别人心里到底在想什么东西。

所以，和这类人相处要小心，不要轻易说一些过头的话，动作不宜过大。因为你的一举一动都在他的"监视"之内，每一个细微的动作都逃不过他的眼睛，所以很容易就会被他们发现你在想什么，内心的真实动态很容易就会被他们获取。这类人还有一个非常明显的特征，就是精明，他们的精明表现在从不吃亏上。如果与这类人有过多的金钱来往，显然不是好事。若是偶尔地有这种眼球往右下方运动的情况，就说明这个人此时彼刻说的话不能相信，很可能是谎言。

3. 眼球往左上方运动

眼球往左上方运动是回忆过去的表现，怀旧是他们的典型特征。比如，昨天午餐有几道菜？附近有几间便利超市？路过了几条街？当人在回忆过去的经历时，便会自然地望向左上方。对于这样的人要有耐性。这种人在社交场合聆听别人的发言或自己发言时，时不时也会把这种思考方式带进来，所以这样的人在交往中也较为常见。

197

一、表情是内心的镜子

俗话说："日有所思，夜有所梦。"表情也是如此，一个人内心的想法总能够通过表情传递给外界，可以说是："心有所想，情有所露。"而我们需要做的是用正确的观念去看、去表达。

生活如戏，关键在于演技

人是情绪的动物，每个人无论什么性格，不管有什么机遇，都绕不开这个问题。人类天生是有感情的，这也是人和动物区别最大的一个地方，尤其是在幼年时期，每个人的情绪都十分清楚明白地展现在别人的面前，喜怒哀乐都写在脸上。高兴了就笑，不开心就哭，情绪不好可以发火，不管做出什么样的事，只要不是过分离谱，都是可以理解的。

小孩子之所以简单，就是因为他们还没有学会如何隐藏自己的情绪，等到学会这一点的时候，他就真正长大了。

每个人在生活中都会扮演一定的角色，尽管我们不是在演戏。在家里扮演的可能是儿子，兄长，孙子，在老师面前就是学生，在领导面前扮演的是下属，要服从管理；在下属面前扮演的是领导，要有独当一面的能力。

不同的角色对我们有不同的要求，生活有时就像是演戏，只是导演和演员都是你自己。这部戏最复杂的地方在于，你只是知道了自己的角色，清楚自己的心理，对于别人可能完全不了解。孩子时期大家都是简单的，但是成年人的内心世界是复杂的，从某种程度来讲，也是虚伪的，虚假的，任何一种虚假都不是我们想要的结果，不过处于对社会交往的尊重和复杂的社会现实，有时虚假也是迫不得已，并不一定就是坏事。比如说谎不是好事，但是如果你探望病危的朋友，熟人，我们会尽量地做出各种安慰，尽管自己不相信，知道自己在撒谎，不过这些谎话还是需要的，这是在给别人一个希望，一个信念，是对朋友的尊重，对弱者的支持。

走进一个全新的环境，自然要认识很多的新朋友，这些人对你的态度是真诚，还是虚伪，他们都是什么类型的人，和这些人交往到底需要什么样的方式方法，这些人面对你的事后要么沉默不语，要么侃侃而谈，每种不同的表现背后到底蕴藏的是什么思想，这些通过仔细观察对方的微表情，探索表情背后的真相，就能很顺利地找到解答问题的钥匙。既然是演戏，那么在多数时候就不会是真实的自己。无论说话做事，按照的是社会的要求，行为的规范，游戏的规则，而不是自己内心的感受，真实的想法。开始按照社会的一套做事做人，就是开始伪装自己的过程。不管是谁都是如此。虽然自己不喜欢别人对自己虚假，但一转身你是否也是这样对待别人呢？这是一种社会现实，而不是对别人的愚弄。所以想要在社会立足，要学会识破别人的把戏，这也是伪装自己不受到危害的一种技巧。

趋利避害是人类的本能，人之所以会撒谎，最根本也是最常见的一个原因就是趋利避害。在别人面前修饰自己的一言一行，就是想要给对方留下一个良好的印象，而不是像孩童般无所顾忌。这是伪装，同时也是需要。如果是从游戏规则本身的角度来讲，那他就无所谓好与坏，而是"演技"成熟与否的问题。年轻人在进入社会时，为什么年长者能一眼就看出来这是个新人呢？就是因为这些新人们掌握的"伪装技巧"还不够，即便了解，也未能熟练掌握，而只是道听途说而已，并未有太多的机会，自己亲身实践，而这些对日后的生活、工作、社会都十分重要，业务技能的提高是必不可少的职业素养，社会交往能力的增强同样也是现代职场的要求，两者并无孰重孰轻之分，关键在于怎么看。

每个人扮演的角色不同，所以每天你都会和形色各异的人打交道，你需要知道他们在想什么，他们的真实目的大概是什么方向，对你而言，他们的言行传达的是负面信息还是正面信息。如果要弄清楚他们真实的内心动态，单凭语言进行判断显然远远不够，因为语言的欺骗性是最高的，也是经过大脑修饰加工最多的一种表达个人意识的行为。

每个人都有自己的面具

入世的第一课是识人，也是做好一个人。所谓做好一个人，指的就是按照法律的规定、社会的规则规范自己的一言一行，而不是让自己看上去像个怪人，和别人一比看起来格格不入，否则就是不按照游戏规则办事，这样的人，多数会被游戏抛弃，毕竟这个规则不是为了哪一个人而定的，对全体成员有效，一个人的力量毕竟淡薄，特立独行是一种性格，但并不是很好的入世之道。每个人在社会中行走，都会戴着一副面具，有面具不代表就是邪恶或者是丑陋，而是办好事、做好人的一个起码要求。

对于年轻人而言，看透别人是最难的事，因为经历的事情还不够广，见过的人还不够多，思维还过于狭隘，言行还过于激烈。入世不久的人最大的感受不是事情本身的难度有多大，而是人心的复杂远远超过自己的预想。很多从来没有想过的现象就发生在自己的身上，没有见到过的人就活生生地在你的世界里走来走去，虽然很讨厌，却必须面对。社会的复杂，就是人的复杂，人心的复杂，如果能读懂人心，就是读懂了社会，读懂了人情世故。

每个人在社会上立足，一定要有一个真正属于自己的朋友圈子，在这个圈子里，你需要一些真心的朋友，他们会在你需要的时候倾力相助，而不求你回报，但是要想建立这样的一个圈子，绝非易事，如果不读懂人心，不了解别人的真实想法，怎么真正地走进别人的内心世界呢？人与人的交往是心的交往，但是谁敢保证自己拿出来的真心就一定会得到真心呢？在面具的伪装下，根本就很难看得清别人的本真，如何判断他真的是你要找的朋友，还是另有企图？

张浩大学毕业后进了一家大型知名企业做技术工作，因为在学校的专业知识非常优秀，所以在面试和笔试的时候他表现得都非常抢眼，这个朝气蓬勃的年轻人给公司的老总留下了很深的印象。

所以进公司后，他就得到特殊的待遇，由技术总监亲自培养，并且参与的还是核心项目。很显然，老总是在培养这个非常有前途的小伙子。技术总监对他也很照顾，凡是有什么不懂的，这边问那边立即给出解答，只要是张浩的要求，他都尽量给予配合，尽量满足张浩工作上的所有条件。

这让刚进社会的张浩感觉有了用武之地，忘记了对别人最起码的防范。虽然毕业前夕自己的老师在课堂上一再叮嘱他们，进入社会后，一定要学会观察人心，了解人心，工作有些失误，还可以弥补，但这个问题不能出现大的失误，否则全盘皆输。当时张浩听到这些话深以为然，刚进公司的时候也一再告诫自己，要留神，要注意，但太过顺当的日子让他放松了警惕，最起码的防范心理已经丢失。

项目快结束后，需要给客户做陈述报告，陈述完毕后，对方的答复非常简单，这个报告是抄袭别人的东西！前几天我们已经听过你们的一个同行做过类似的陈述了。而这个陈述人就是张浩，这还不算什么，最致命的就是张浩曾经去过那家同行的技术总监那里，也在私底下和他有过不少的接触，引荐人就是自己公司的技术总监。

所有人都将怀疑的目光指向了张浩，而他也的确百口莫辩，因为技术总监说他根本不知道对方公司的技术总监是谁。技术总监已经在公司服务近十年了，是不可能怀疑老员工的。倒是张浩因为年轻不知轻重非常有可能在不经意间将公司的机密泄露出去。

张浩被辞退，而且在这个城市里，他已经在熟悉的技术工种上很难立足了，因为大家都知道了这样一件事。无奈之下，他只好离开这座城市，另觅他法。如果把事情写出来，相信大家一看就知道是谁在捣鬼。很明显，就是那个技术总监。他是害怕这个精力旺盛，聪明过人的大学毕业生过不了多长时间就会坐上自己的位置，而他可能会沦落为做副手的命运。一再地对张浩示好，只是为了更大的阴谋。他伪善的面具下，包藏的是一颗损人利己的祸心。

简单脸上的不简单学问

情绪是无法隐藏的一种个人感受，虽然有些人经历过很多事情后，善于伪装，精于世故，但情绪却是没有任何办法去除的人类反应。喜怒哀乐几种情绪人人都有，不分时间、地点，任何一种情绪都会在我们的脸上留下它的印记，尽管这种印记并不是很明显，持续的时间可能也并不是很长，却无法回避。

脸上的表情是微表情的集中阵地。我们讲到的微表情，更多的内容也会在人的面部表情上做介绍。虽然我们不再提以貌取人这个概念了，不过，从观察一个人内心世界的角度出发，"以貌取人"是有它的科学依据的。最明显的证据是，哭、笑两种不同的情绪反映在人的脸上就会有不同的表现形式。没有谁会把哭和笑混淆了。当然这种分法太过简单，不过这种简单的道理却说明了一个值得研究的方向：我们的面部表情是内心感受的一面镜子，通过观察一个人的脸，就能洞察他的内心世界。

从脸面上乍一看很简单，不过仔细观察，能有不少的分法，比如有人是方形脸，有人是圆形脸，有人是三角形脸，有人是菱形脸，有的人脸长，有的人脸短，有的人脸上肉多，有的人脸形瘦削。每种不同特点的脸，就是不同特征的性格表示，读懂一张张脸，就能认识一个个不同的人，进而洞察他们的内在性格。

　　和一个人接触，对方给我们留下的第一印象往往就是它的脸。见过一个人之后，我们往往会说这个人的长相如何，就是这个道理。不同的脸代表了不同的性格，不同的表情揭示了不同的心理。

　　观察一个人的脸，能对他的性格做出基本的解读，这个方法已经不再新奇。脸部特征可以反映出一个人的基本性格走向。关于面部长相，我国有两句话说的意思很不一致，一句是"人不可貌相，海水不可斗量"，另外一句是"相由心生"。两句话都很好理解。第一句讲的是一个人的成就和他的相貌没有任何关系，不能单单从面部特征对这个人作出任何判断；第二句话的意思也很明显，人的性格会直接反映在他的脸上，并通过脸将这个信号传递出来。

　　两句不同的话代表了两种不同的看法。首先我们要知道的是，脸不能代表一个人的成就，这是肯定的，不管你是谁，若想取得成绩，必须通过自己的辛苦努力方能获得。即便是脸部特征说明你是个天赋很高的人，也和你的成就没有任何的必然联系。没有后天的努力，先天的资源再好也是白搭。

　　同时，我们的确不能否认，在很多情况下，我们能从一个人的脸上看到这个人的性格特征，最简单也能知道他的大致性格走向，是开朗型的，还是内敛型的，在日常生活中，可能我们并没有从脸认识一个人性格的概念，但这个感觉是会有的。相由心生在日常生活中给我们一种感觉，虽然这种感觉并不是很细致、很明确，但有一个大体的把握。比如一个人年纪轻轻，却满脸皱纹，一看即知生活的压力大，不开心的事情多，心里装的问题也很多，而且多数无法解决。

眼球在不同位置代表不同的想法

细细回想一下，或者是我们现在就可以做一个关于思考和眼球运动的实验，当我们在想象一幅画面的时候，比如想象一下眼前有一座美丽的大山，小桥流水，再想想你和朋友们欢聚的场景，拿起你的镜子，看着你的眼睛，你会发现什么？你的眼球在不自觉地往上运动。正因为这样，不管我们的大脑中勾勒的是未来美好的图像，当下开心的时刻，还是过去悲伤的场景，只要是具有一定画面感的回想、思考，我们的眼球都是在往上运动的。

眼球往上运动，能将思考者带入一个有视觉印象的世界中，大脑的思考会在不经意间从我们的身体反应中表露出来。如果你正在仔细地听对方谈话，这时候眼球在中间，代表的意思是你正在聚精会神地获取重要的信息，并在自己的大脑中对这些信息进行处理，以备作出可能的应对。这个时候，你进入的就是听觉的世界。如果你的身体受到了明显的外界刺激，比如有人打你一巴掌，或者是你的手被刺破了，或者是被狗咬了，这时你的眼球会往下运动，这个动作代表的意思是你的大脑正在被情绪控制，处在非理智状态。

从上面简单的介绍就可以看出来，不同的眼球运动有着不同的思考内容，同样，经常性的眼球运动，也能说明一个人的性格问题。

1. 经常性眼球往右上方运动

眼球经常性往右上方运动代表的是视觉想象。比如你要去相亲，当天晚上你可能会想明天相亲会是什么样的一幅场景。此时你的眼球就在不自觉地往右上方运动。一般来讲，往右上方运动代表的多是幻想、虚空的。眼球经常性有这个动作的人喜欢做白日梦，并不是他不知道这个行为很可笑，但是很难控制自己。有时候他们的一些想法、看法和普通的逻辑不相符，也可能是他们经常性的思考，有了一定的结果，所以思维跳跃幅度比较大，一般人跟不上这个节奏。如果你认为经常喜欢做白日梦是一个非常负面的习惯的话，那就错了。因为这类人由于很喜欢思考、想象，所以他们的创造力、创新精神、能力比一般人要强，而且，如果将这些想法变为现实，加以实践的话，说不定会有很大很超前的成就。

2. 眼球经常往右下方运动

眼球经常往右下方运动代表的是个人的情绪、感受、身体的接触等。比如恋爱时的感受，摸到冰凉的石头等这些情况下，人的眼球就会往右下方运动。经常有这个动作的人思考能力特别强，而且思维缜密，不过心思太过细腻。这类人有一个共同的特点：疑心重！他们和别人交往的过程中，总是不自觉地对别人的一言一行产生一定程度的怀疑。别人无心的一句话，能让他们思考很长一段时间，这个时候，他们就会变得很敏感，同时也像是个福尔摩斯，在那里独自推论，看看别人心里到底在想什么东西。

所以，和这类人相处要小心，不要轻易说一些过头的话，动作不宜过大。因为你的一举一动都在他的"监视"之内，每一个细微的动作都逃不过他的眼睛，所以很容易就会被他们发现你在想什么，内心的真实动态很容易就会被他们获取。这类人还有一个非常明显的特征，就是精明，他们的精明表现在从不吃亏上。如果与这类人有过多的金钱来往，显然不是好事。若是偶尔地有这种眼球往右下方运动的情况，就说明这个人此时此刻说的话不能相信，很可能是谎言。

3. 眼球往左上方运动

眼球往左上方运动是回忆过去的表现，怀旧是他们的典型特征。比如，昨天午餐有几道菜？附近有几间便利超市？路过了几条街？当人在回忆过去的经历时，便会自然地望向左上方。对于这样的人要有耐性。这种人在社交场合聆听别人的发言或自己发言时，时不时也会把这种思考方式带进来，所以这样的人在交往中也较为常见。

4. 眼球往左下方运动

眼球往左下方运动代表的是听觉发挥主要作用。比如你在轻声地哼唱一首歌曲，这时候眼球就会不自觉地往左下方移动，经常有这个动作的人，逻辑思维能力很强，喜欢自由自在，虽然说他们一般很聪敏，但容易给人一种好吃懒做的错觉。

事实上，这种人比任何人都会安排生活和工作的关系。他们会比较认真地听取别人的发言，也会把自己的见解坦然地表露出来。所以对这种喜欢自由自在、坦然相对的人，千万不要给他们压迫感，否则你会把他们吓怕，令他们从此与你保持距离，以后再取得他们的信任就很困难了。

视线角度不同，心理变化也不一样

一个人的视线是心理感受比较强烈的反应。比如有了什么欲望或者是情绪波动很大，这时候视线就会发生明显的变化。所以，通过对视线的解读，对于了解当事人的心态，把握对方的动机，增进彼此的了解，加强心理上的沟通很有意义。

研究一个人的视线，可以有不同的角度。比如说：

（1）和你聊天的那个人是不是在看着你，如果他两眼望天，这个交流就是失败的，可能在他的心里否定的成分比较大。

（2）对方看你的视线是怎么运动的，是一直盯着你看，还是稍微看你一眼，马上转移，不同的视线运动代表了不同的意义。

（3）视线的方向问题，这个不要和第二点混淆。对方注视你是正眼一直看着，还是斜着眼看你，不同的视线方向，含义差别很大。

（4）视线所处的位置是什么样的，是从下往上打量你，还是从上往下注视你，不同的位置也有它的讲究。

（5）视线的注意力。对方是在一直盯着你看，精力集中，还是随便地瞟两眼完事。

一个人的视线对我们内心产生的影响是不能被低估的，比如你在商场里随便闲逛，但有一个人老是盯着你看，一直注视着你，而你从来没见过这个人，这时我们可能不但会感到好奇，还会担心，心理的压力明显上升。同样，我们在很认真地和对方说话，但对方却一直"不拿正眼瞧你"，这时你是不是有被轻慢，被侮辱的感觉呢？至少你会很不舒服。所以在和别人说话时，双眼看着对方，平视他，这是社交礼仪的一个重要方面。否则就会留下不礼貌，没素质的印象。

人与人交流的过程中，眼神的交流是不可避免的，不同的视线代表了不同的意义。这时我们要注意两点，一个是不要冒犯别人，第二是通过对视线的解读，洞察对方的内心世界，达到知己知彼的目的。如果你不认识对方，就不会一直盯着看，除非你有什么企图，一般不会超过两秒钟。如果你盯着他看的时间过长，对方就会有被冒犯的感觉，对你自然也就不会有什么好印象了。这也是为什么男性一直盯着不熟识或者是压根儿就不认识的女性看会遭白眼的原因。但如果是熟人，一直不看他，要么是你们彼此之间的关系比较紧张，要么就是你想结束这段关系，否则的话，这种行为是不会发生的。也就是说，不同的视线接触代表了不同的人际关系，社交心理。

在与别人交往的时候，注意观察对方的视线方向，能够洞察他的心理反应。比如看见异性，如果看一眼，随即就将眼神移开，这是表明看的人对那个异性有很大的兴趣。这一点在日常生活中经常见到。在一些公共场合，比如聚会、宴饮的时候，如果一位很漂亮的女性翩翩走来，这时有的男性就会看一眼，然后立即就把头转过来，目的是不让对方知道自己心里的真实想法。反倒是一直盯着看的人并无太多感受。

同时，如果看见异性后，只是很随便地"瞄"一眼，然后就将眼睛闭上，之后再睁开。这是很放心的一种表现。根据行为学家亚斌·高曼的观点，这个动作代表的意思是"我相信你"、"我不害怕你"。如果是女性用这样的方式看一位男性的话，就代表了两个人有进一步交往的可能。

二、用表情"征服"对方

表情作为人面对面时直接看到的东西，它带给双方最直观的印象，而且这种印象无须经过大脑加工，而是类似于本能行为般直接影响到人的思维。表情与语言有着类似的作用，但是它又比语言更加直接、更加简单、更加真实，它在人与人之间沟通交流中的作用就如宝刀的锋刃。

锐不可当的笑容

笑容是一张全球通行证，中国人更是深谙个中滋味，中国文化中关于笑容的内容更是数不胜数。而现实生活中，某些行业更是把笑容看做优秀员工的必备素质。

陌生人初见，一个自然而又亲切的微笑，会给好印象加分不少。人与人之间交流，首先是视觉印象，人的生活经历使人对笑容有本能般的理解，即笑容是快乐高兴的表情，而且这已经变成了一个不用思考的直

210

接反应。陌生人微笑的含义被大脑直接解读为，这个人是乐意见到我的，他并不讨厌我。同时，快乐和讨厌等情绪也会彼此影响，所以一个笑能够非常明显地提升陌生人之间的沟通效率。而作为服务行业的员工，被训练的近乎本能的笑容能够很好地掩饰员工情绪变化，毕竟人不可能一直保持很好的心情，它把情绪对服务的影响降到了最低。

熟人之间的笑容是关系维持和增进的基础，笑容作为情绪的表达，直接影响到交流的气氛。当双方都对所谈的话题感兴趣的时候，人的情绪总会有所表达，而适当时刻适当程度的笑容，是最为常见的表达方式。而熟人聊天聊到高兴处，眉飞色舞甚至是手舞足蹈也是很常见的情况。这种好的氛围会不知不觉中影响到人的情绪，同时这种情绪会被大脑记忆起来，于是关系就在不自觉间增进。

笑容是人类重要的微反应之一，它是人能够顺畅地在社会中生活的重要技能。它能够在无形中拉近陌生人之间的距离，消除熟人之间的误会并且增进感情，驱走沟通交流时负面的气氛，把沟通交流变成一件快乐的事情。笑容作为现代人类最常见的表情之一，有的可以非常轻易地判断出是否与真实的感情相匹配，如有的笑容很机械。就如大多数的人都能够分得清楚什么是尴尬的笑容。当人不愿意被别人知道心事被挑明时，人会自然感到尴尬，这是人对环境的本能反应。这时候的笑容往往很轻，声音中也没有令人可以理解为愉悦的成分，而眼睛的表现也不和开心时一样。这个笑容同时具有另外一个作用，就是缓解气氛、减轻自身的压力。小李是一名刚分到工厂的女大学生，她姿色身材一般，并不是很出众。但是她却得到了比其他女孩更多的照顾和配合。例如，同样去别的车间领东西，小李去的话，先是找到地方，然后笑着问她所遇到的人，她需要的东西在什么地方或者是找谁能够拿到，往往她会得到热心的指点，甚至是领她到东西所在的地方。其他新来的女大学生则就不一定能够享受到这个待遇了，有时她们得到的只是随手一指，然后人家就开始忙自己的事情了。虽然有的女大学生比小李还要漂亮些。

　　而在工作的过程中，小李遇到问题的时候，总是笑着问师傅们，只要不是太忙她的问题总是能够得到很好的解答。而其他的女大学生有的由于害羞不好意思问，有的不知道笑而师傅们则是草草地回答了问题。总之是都没有对小李那么尽心。案例中，小李的笑容就是她能够显得与众不同的重要原因之一。她的笑容被人理解为乐于融入工人生活中的一种表现，而别的人因为不笑或者是笑得不够甜，让人理解为，"你看不起我。你不是自己人"等，这直接影响到了所接触对象的情绪，进而使双方的互动程度不够。而小李在问师傅们问题时的笑容，在师傅们的眼中就变成了"小李对问师傅们问题没有一点儿的不情愿"，而且"小李是非常愿意向师傅们学习的"。所以小李能够得到很好的解答。而问问题时不带表情往往被人视为诚意不够，因为领导问问题时往往不带表情。

抿起嘴和嘟着嘴不一样

　　人类最常见的嘴部表情中，抿着嘴和嘟着嘴都表达了"不满意"的含义，同时也都带有"不愿意说"的含义，但是两者又各有不同，抿起嘴常常表达对自身状况的不满，而嘟着嘴往往是表达对对方的不满。

抿起嘴是把上下嘴唇更紧地合在一起，有拒绝任何东西进入的意味，表示此人的内心处在一种烦乱之中，不太希望有新的内容引入，使心思更加烦乱。这个典型的消极情感表达的动作往往会非常的短暂并且不易察觉，只有在非常专注的情况下才能够观察到。同时这个动作幅度较轻，是由于引起这个动作的原因（如烦恼等）的程度比较轻，危害并不大，并且在时间上更趋向于长期性。而更强有力的危害事件会带来更大的表情反应，比如嘴唇变得僵硬甚至是变形，这是由于内心的焦虑程度变强的原因。

抿起嘴来笑则与单纯的抿嘴动作意义完全不同。在中国，抿起嘴来笑，有偷笑的意思，这往往是一个表达得意的表情。这个时候，抿嘴的动作同样是一个"封闭自我"的动作，意思是"不要问我，不要与我交流"。而笑容则表示开心的情绪，表达了"我对你现在的处境很高兴的意思"。两者合起来就成了一个得意的意思。

嘟着嘴的表情更多的是表达对某件事情的不满，情侣间出现嘟嘴的表情有更多撒娇的味道，这个表情常见于女性。当女性有些要求想表达出来但是同时更愿意男友主动去做的时候，这个表情则更为常见。人在讲话之前嘴唇要先动，而讲话时上嘴唇的动作和嘟嘴时上嘴唇的动作非常相似，只是下嘴唇没有张开变成了和上嘴唇一样的向上，于是就有了一种欲言又止的意味，嘟嘴的动作可以看做是讲话动作没有完成即停止。成年人嘟嘴的动作往往比较轻微，不如儿童那般明显，这是由于成年人往往不愿意明确地表达出对对方话题否定的意思，但是内心深处的否定还是会通过嘟嘴这个细微的动作表达出来。儿童身上经常能够看到嘟嘴的动作，而且有的时候还会很夸张，更小的小孩还会嘟着嘴哇哇大哭，吸引着大人的注意力并且表达自己的不满。

　　星期六，小王因为第二天想去和一个老朋友喝酒，就不同意带女朋友去逛街，他女朋友一直嘟着嘴，不说话，他哄来哄去也没有用，而且当他跟她讲这个老朋友曾经对他多么多么好，而且多么多么的难遇到一起的时候，得到的回答只是一个眼睛上翻的表情，嘴甚至是嘟得更高了点儿。直到小王保证中午不喝酒，下午陪她逛街，情况才有所好转。

　　星期日吃饭的时候，老朋友讲到了小王曾经的糗事，其中一件是小王的字曾经被老师评为比蚯蚓爬出来的印记还难看的时候，小王的女朋友抿嘴偷笑，原因是小王总是炫耀他的字写得比她的好，而她从不承认这一点。

　　案例中小王女朋友嘟嘴的动作表达的就是对小王星期天不陪他逛街的安排的不满，同时她还找不出好的理由来说服小王，于是就带着撒娇的味道表达自己的不满，并且希望小王自己改变主意，最后她成功了。眼睛上翻，则是嘟嘴的另外一个附带动作，它是不满情绪升级的表现，而且同时表示不接受对方的说辞。当小王的女友听到小王糗事的时候的抿嘴偷笑的动作，是一个典型的得意动作表达。笑表示很开心，而抿嘴则是暗示"不需要解释"。

自信可以不说出来

　　自信的人是潇洒的，自信的人是有魄力的，自信的人是昂首挺胸的，自信的人不管生活给予什么，总是淡定自若地接受，相信自己依然可以过得更好的。

所以，自信的人从某个层面来说，是强大的人，因为自信本身就是一种打倒困境的强大信念，有了这股信念，人往往能够激发出自己也无法想象的能量。

自信是一种魅力，人人都想要，却不是每个人都要得来。

一个意气风发，正值大好年华的年轻男子，身高185厘米，体重67千克，五官端正，身材健硕，在朋友圈中是出了名的美男子。

"嘿，明星脸，今晚在我家附近的俱乐部有聚会，一帮女生特地嘱咐我，务必把你请过来，你不会不捧场吧？"他时常会收到这样的邀请。

"我不爱那种场合……"每每这个时候，他都不得不一遍遍地警告自己：你什么都没有，干吗去凑这个热闹，你有钱争着去结账吗？和他们在一起你根本就是格格不入，他们住的房子，开的车子，用的手机，穿的衣服，戴的手表，喷的香水……哪一样你比得了？怪就怪自己长了一张王子的脸，交了一群公子哥的朋友，但经济能力却是个乞丐。

"你不会是担心钱吧？这个真的不用担心，有人全包啦。"

"钱算什么，我啊穷得就剩下钱了。哈哈……不过，我是真没空，改天吧。"说完，他总会仓皇而逃。

可是他不曾听见背后朋友们的议论："一提钱，脸都绿了，还死撑着，说自己穷得就剩下钱了。他收入低这大家又不是不知道，真是大白天吹大话。"一个人不自信，极度自卑，不用言语，看也看得出来。

因为内心是自卑的，所以当身处更优越的环境时，便会不自主地拿自己和环境中更优越的人比较，越比较越失落，于是便没有了享受的心情。

故事中的年轻男子就是这样，因为过度自卑，所以连自己的美貌在他看来似乎也成了最大的讽刺。上天给了他王子般英俊的身姿与相貌，可是他却没有以王子的心、王子的姿态活着，他在内心把自己看成了乞丐。

当然，人总是不愿别人看到自己的自卑的。

越是自卑，便越是想要掩饰。于是，他故作潇洒地说出一些轻视钱、无视钱的话语，从而为自己撑面子。

但是，他没有控制好自己的表情，即便语言上想尽可能表达得自信一些，但尴尬、惊慌、不自然的表情却把他的自卑全全出卖了。

一个商业聚会中，一个老富翁优雅地端着酒杯与身边的人侃侃而谈。

"知道吗？上周当地的财富排行榜竟然找到我，问我有多少钱，好做一个排名。我当时就笑着告诉他，'我的钱我从来就没有数完过，因为即便数得手抽筋也数不完的'，哈哈……"

"一个新闻说我们富人生活过得太过奢侈了，我觉得他的用词错了，不是奢侈，是奢华。奢华是一种华丽的存在，它从来就是为那些有资本的人存在的，没有财富能力，任何一笔大的开销对于他们来说都是奢侈的。但我们不同，我有能力为我自己塑造奢华的生活，我不会因为花点儿钱就心疼，为什么不能痛痛快快地花呢？"

"当然，以我目前的财力称不上全国第一，全世界第一，但我的资产就像个孩子，总是在不断地壮大啊。我相信，不出三年，我的公司会走向国际，资本也将成倍翻涨！"

……

一旁的一个成年男子，装扮得十分绅士，礼貌地听老者讲话，不管内容多么浮夸，他都只是轻轻地一笑，没有美慕，没有忌妒，也没有质疑，一副事不关己的样子。

最终，每个企业都争相合作的国际知名企业负责人却主动走近成年男子，与其攀谈，并表达有意与之合作。

老者不服，上前质问道："约翰先生，我相信我们公司要比他们公司更有实力，不管是财力、人力，还是经验等，各个方面。为什么您会选择他呢？"

约翰也是个直爽的人，他直白地说："老实说，你让我觉得有些浮夸，从他的脸上，我看到了自信，真正的自信。"就是这样，真正的自信，不需要一遍遍地强调给自己听，不需要加大分贝向别人炫耀，一个淡定自若的神情，一个平静的微笑，就足以表达内心的强大与自信。

自信的表情，总是以笑居多的，从忧伤、无助、愁闷、哭泣的脸上，是很难让人感受到自信的魅力所在的。

人，是有这样的感知能力的，从表情中来感知一个人的信念是怎样的。

表达自信的方法其实很简单，不要用语言做多余的解释与铺垫，只需展现出你落落大方的一面，保持微笑，从容而淡定，这才是自信者拥有的大家风范。

灵活运用惋惜的眼光

人在表达惋惜时，通常有以下几种表现。

（1）眼神幽怨地盯着对方。这个时候的眼神是极其复杂的，直勾勾地看着对方，也能传达出一些意思，比如"你看看，你看看，白白浪费一次好机会"，"这下好了吧？无法挽回了吧？"

（2）深叹一口气，然后眼神空洞了并摇了摇头。这便是比较直白的表现，表示"实在太可惜了"，所以让人有些无奈，有些无法接受。

（3）头低下，眼皮低垂，沉默。这个展现的程度往往显得更深一些，给人一种"太过惋惜而到了无语的地步"、"惋惜得有些绝望"的感觉。

直系上司因工作失误被停职了，工作能力相对突出的李青赶鸭子上架，坐上了主管的位置。工作了5年，因为上司工作能力突出，所以李青一度认为"在这样的上司手下工作，永远也没有出头之日，因为他的光芒永远会盖过你"。

但是，机会就这么突然降临了。

有时，幸福来得就是这么快。

无疑，李青的心中是兴奋的。他第一时间打电话给老婆，共享好消息，然后又拿起计算器，计算每月工资涨幅是多少，年终奖金涨幅又是多少，一次升迁一年下来能给自己带来多少实际的财富。

职场就这样，职员如果不升职，也许十年八年，永远也升不了职，但一旦升了一次职，那么就会有第二次、第三次……而且是越升越高，因为高层的缺失往往不会直接从职员晋升，会从中层或低层管理者中挑选。

李青的幸福是建立在前任的痛苦之上的，共事五年，虽一直是上下级关系，也不曾过多接触、被重用，但表面的功夫还是要做的，不能让老上司认为"人走茶凉"，觉得自己没有人情味。

于是，老上司来公司做完结算，抱着私有物品准备离开时，办公室全员起身告别。

李青也热情地走上前来，握住前任上司的手说："唉，真是，您这一走，我们心里都觉得空落落的。您以前就是我们的照明灯啊，没你我们可怎么办啊？"

"不是有你嘛，你用心做好就行……"

听到此，李青不禁不好意思地笑了笑说："哪儿呀，我这是赶鸭子上架，好多事还得自己摸索，要是有您这样的老领导带着该多好。"说着，叹了一口气，但眼神里却看不到伤感，反而有着一股光芒，显得有些神采奕奕。

老领导拍了拍李青的肩膀，然后低着头，头略偏向肩膀45°角，缓缓地摇了摇头说了句："唉……好好干吧！"说完便走了。李青虽然想要做足面子功夫，在老领导及同事们面前做出"对老领导的离开，极其惋惜"的样子，但是，语言上虽然没有什么破绽，可是李青的眼神却露出了马脚。老领导从李青的眼神中读到的不是真心的惋惜，而是即将上任、大展宏图的兴奋。

人的惋惜之情往往更多地寄托在眼睛上，眼神的空洞，眼神的幽怨，眼神的无奈，眼神的绝望……一双会说话的眼睛便可以将万千惋惜的话语在瞬间无声地表达出来。

一个真心惋惜的人，眼神里是不会有喜悦的。对于某种事物的惋惜，会让人生出一股忧伤来，所以，人在表达惋惜时，总是免不了一些消极的情绪。尤其是在惋惜他人的离开时，是不会带着笑的，即便嘴里又叹了口气，但眼神里却仍闪着兴奋的光芒。

而对于老领导最后的神情，才是真正的惋惜，"低着头，头略偏向肩膀45°角，缓缓地摇了摇头……"这看似是对李青的鼓励，其实是在表达自己的一种无奈，自己对自己的惋惜。

所以，做戏要做真。掌握了表现惋惜神情的要领，在适当的时候利用起来，这样你才能达到以假乱真的效果。

为难的心理这样传递

没有人是万能的，每个人都有遇到困难的时候，因此在生活中，总是会求对方办点儿事，解决一下困难。当对方有这个能力帮我们顺利解决掉困难之后，我们的心里总是会对对方充满感激，而当对方有一定的难处不能帮助我们解决问题的时候，对方总会流露出一些为难的表情，对方这是在告诉我们："我很想帮你，但是确实我也有难处，无能为力啊……"

我们可以通过读懂对方"为难"的表情来了解对方的心理，也可以利用"为难"的表情解决你心中的为难，两者之间并不矛盾。当我们接收到此类信息之后，心里就会立刻明白对方不方便帮助我们，这时，我们需要想其他的办法。但是，由于每个人的性格及行事方式不同，他们表达为难表情的时候是不同的，因此，我们需要了解为难表情的传递方式，以便做出准确的应对。

反过来讲，如果对方求助我们办一些事情，而我们又不方便的时候，直接拒绝可能会伤害到彼此之间的感情，拐弯抹角又会显得自己心计太深，所以，我们需要把握一些为难表情的应用，在关键的时候传递给对方，以显示自己的心有余而力不足。

高林今年30岁，出生农村，现为某县政府的一名公务员，任计生站的要职，有一定的权力。按道理，对于他大学毕业没几年就考上公务员，并担任重要职务，在农村来说已经是非常了不起的人物了。可是他最近却为家里的事情特别苦恼，这是什么原因呢？

由于在农村，高林的家里有很多的亲戚，尤其是在得知自己考上公务员，而且在计生站工作的时候，亲戚似乎越来越多，什么七大姨八大姑，有事没事总是来高林的家里和高林父母一起聊天，有时候还帮高林父母干点儿农活，两口子很是高兴，甚至有一种骄傲。父母觉得这都是高林有出息了，才让自己的地位如此之高。

计划生育是国家的基本国策，高林深深知道这份工作的重要性，可是最近很多亲戚总是直接或者通过父母找他通融自己的孩子生二胎、三胎的问题。如果办，就会违反国家政策，如果不办的话会影响与亲戚之间的关系，所以他才苦恼至极。

正好这几天站里来了一位新同事，这位同事对心理学有一定的研究，在听到高林的苦恼之后，他很有把握地说："既然你不能直接拒绝，那么你就用表情告诉你家亲戚及父母，让他们知道你的难处。"

高林有点儿纳闷，问道："表情？这个怎么表达啊？"

这位同事随后凑上来给高林耳语了一番……并保证高林不说一句话就可以将此事搞定。

这天，高林刚回到家坐在沙发上，母亲就走了过来说："林子啊，你三嫂家的大儿子准备再生一胎，你看……"

这时高林皱起了眉头，并拿出了一张报纸给母亲看，上面写的是某官员因为滥用职权而被给予处分。母亲看到这一切之后没有再说话，不一会儿三嫂亲自来了，进门寒暄了几句就开始给高林说自己儿子的事情，这时高林面对三嫂，苦笑了一下。母亲拿起报纸给三嫂说了说，三嫂自言自语地说："哦，这事情确实也不好办啊……"

高林是用什么方法拒绝了母亲与亲戚给自己的难题的呢？那就是为难的表情。其实在生活中有很多事情会面临不好拒绝但又无法接受的局面，而解决此问题最好的方法就是向对方传递为难的表情，让对方感受到你确实没有办法，这样既可以让对方感受到你的心有余而力不足，也可以避免直接拒绝造成的消极影响。

第七章
微表情背后的秘密
——喜怒忧思悲恐惊，七情隐藏的身体秘密

喜怒哀乐每种情绪都是人类正常心理反应，这些情绪折射到人的脸上，通过微表情表现出来，各不相同。

微表情背后密码的示例

　　所谓微表情背后的密码，主要解读的是人的"七情志"，即喜怒忧思悲恐惊的情绪，它们是人类正常心理反应而折射到人的脸上的一种情绪表现。每种情绪后的微表情均有各自的特点。

心理解码：喜悦是人类经常会有的一种心理活动，非常典型的表情就是笑。开心大笑是喜悦的极端表现形式。

心理解码：人在愤怒的时候，情绪波动很大，不理智，会有歇斯底里的爆发，或者是一种非常严厉的审视和逼问形态。

心理解码：忧虑的人，因心理压力大等因素，往往是神情黯然，眉头紧锁，很难舒展。

心理解码：惊讶时，人的眼睑会很自然地向上，额头的肌肉大幅度收缩，眉毛的提升幅度很大。

七情志传达信息的解码：

喜：人在表达喜悦的时候，往往是发自内心的高兴，没有经过思考和思绪的控制。古语说笑的时候是"眉眼弯弯，手舞足蹈"等，这些都是在传达这个人高兴的信息。情感是大脑中最不可塑的部分，这是著名心理学家艾克曼的话。微笑的时候眨眼睛就说明这个人想到了令人幸福的事情。

怒：说话的时候，下巴上扬表示正处于愤怒的状态，眉下垂，前额紧皱，眼睑和嘴唇紧绷、鼻孔放大。

忧：咬嘴唇、摸耳朵等说明这个人正处于焦虑的阶段。当害怕见一个人的时候，人们通常会举起东西放在胸口，手攥紧，摩擦。

思：思是一个认知过程，能约束各种感情的思维活动。一个人在安静的时候，思维更为积极、活跃。安静沉思，眼神流转，低头不语，这些都是很明显的特征。

悲：当人们悲伤的时候，眉毛会倾斜，在面部表现为：眯眼、嘴角下拉、眉毛收紧、下巴收紧微微抬起或扬起。

恐：眉毛上挑、皱在一起则说明这个人在害怕。在极度害怕的时候，人的身体会出现颤抖、面色发白、脸色发青、瞳孔放大的现象，眼睛会睁得很大。

惊：听到一件事感觉到出乎自己意料的时候，眉毛上扬，同时下颚下垂。嘴巴和嘴唇放松，眼睑微抬。

225

一、与人共存的微表情

人是一种高级动物，大脑控制着全身的一举一动。人在受到刺激的时候，身体都会相应地做出反应。表情就是反应的一种，人们通过表情来表达自己的内心感受，当然，人们在思想的控制下，往往会表现出另外意义的表情，这被称为是假装的表情，而人在受到刺激后 1/25 秒内的表情才是人们最真实的内心想法的体现，这种表情往往持续的时间极短，被我们称为微表情。

每个人都离不开的微表情

人的面部也是一种媒介，是一种信息传输器。脸上的面部器官可以被阅读，而且上面的信息量非常大。现代的科技就利用这一点来进行测谎。比如人在说谎的时候，常常是眼睛看着一个方向，而手势是朝着另外一个方向，语言上结结巴巴，犹豫不定；当人出现负面情绪的时候，眉毛上扬,挤在一起,这代表了恐惧、担忧、忧虑;嘴唇紧紧地抿着,鼻孔外翻则表示这个人有无法控制的怒气;人的嘴角下垂,下巴扬起,则表示这个人正在自责……

但是观察的时候我们要仔细,因为微表情持续的时间非常短,科学家的实验表明,只有10%的人能够察觉到,但是跟人们有意识做出的表情,"微表情"更能体现人们真实的感受。虽然"微表情"常常被人们忽略,但是人们的大脑时时刻刻在受着影响,对别人表情的理解也时时刻刻在改变着。所以在人们表现高兴的时候就非常自然,其中含有不含有微表情,那么我们就能判断这个人是真的高兴,但是你察觉到对方出现的一些"嗤之一笑"的微表情闪现,那么这个人的情绪就有可能是伪装出来的,通常被我们判断为是"狡猾的"、"不可信的"。

微表情是人人都逃不掉的,因为这是人类的大脑受到刺激后的第一反应,现今为止,人类的大脑还没有发达到能逃避大脑反射的能力。人们对微表情的研究最初是针对情侣之间的,比如在20世纪60年代的时候,William Condon对瞬间互动研究表明,当丈夫把手伸过来的瞬间,妻子会以一种微弱的节奏移动她的肩膀。这个结论是他对一段4秒半长的影视片段研究了近一年半的时间后得出的结论。而美国的心理学家则对情侣的录像进行研究,通过微动作和微表情来判断情侣什么时候会分手。

通过人们的面部表情,就能断定自己对某个人的情感,也能断定某个人对刺激表现出的本能反应。这就是人们通常说的"本能感觉"。研究人员发现,眼睛收到的信息更加准确和丰富,那就是人人都具有而人人又很难避免的微表情。*Lie to me*是一部专门针对人类微表情进行的研究,并把它运用到刑事侦探上的作品。当然上面的微表情判断有点儿夸张,对于一个人的微表情,需要很发达的大脑才能立刻判断出他的意思和他的真实情感。在刑事犯罪的审问过程中，一般罪犯会拼命地掩饰自己的真实情绪，但是一个经常做狰狞表情或者是有暴力倾向的人，他的面部器官也会因为表情的持续而发生改变。比如有一个人，他的眉毛向下皱在一起、眼睑上扬、眼袋紧绷，说明此人有攻击倾向；如果小偷准备进行偷窃的行为时，他的鼻孔会不自觉地放大；大事故发生后，大脑会受到边缘系统的控制，面部表情出现恍惚、瞳孔放大、面部紧绷、五官普遍低垂的现象；当审问出现："你去过他家吗？""不，我没有去过他家"这样的对答时，罪犯的眼睛不断地闪烁，甚至是直视你的眼睛来判断你是否相信他。所谓面由心生这句话是非常正确的，一个假慈悲的人很容易暴露出他的本性。

七情也是一种交流方式

七情就是人的情志活动的一种统称，在我们中国，分为：喜、怒、忧、思、悲、恐、惊。人们的身体会在外界的刺激下产生这种情绪，并由于情绪的不同而做出不同的情志反应。在 40 年前，旧金山加州大学的心理学家保罗·艾克曼向人们展示了一组照片，拍的是新几内亚几乎与世隔绝的弗雷部落的人们的面部表情的照片。尽管西方人没有见过弗雷部落的人们，却能读懂这些古老民族的人的愤怒、快乐、悲伤、恐惧和憎恨以及惊奇等各种面部的表情。反过来，虽然弗雷部落的人也从来没有见过西方的人们，却一眼能读出照片上的人是高兴还是难过。这点印证了一个说法，那就是人类表达情感的面部表情具有普遍性。

七情是人体对外界客观事物的不同反映，这是基本的生命活动的现象。在日常生活中，人类的行为准则往往会受到七情的控制。这也是人类对外界刺激的一种反应。这也被作为一种交流方式存在，通过七情向对方传达出信息。

喜：人在表达喜悦的时候，往往是发自内心的高兴，没有经过思考和思绪的控制。古语说笑的时候是"眉眼弯弯，手舞足蹈"等，这些都是在传达这个人高兴的信息。情感是大脑中最不可塑的部分，这是著名心理学家艾克曼的话。微笑的时候眨眼睛就说明这个人想到了令人幸福的事情。

怒：说话的时候，下巴上扬表示正处于愤怒的状态，眉下垂，前额紧皱，眼睑和嘴唇紧绷、鼻孔放大。

忧：咬嘴唇、摸耳朵等说明这个人正处于焦虑的阶段。当害怕见一个人的时候，人们通常会举起东西放在胸口，手攥紧，摩擦。

思：思是一个认知过程，能约束各种感情的思维活动。一个人在安静的时候，思维更为积极、活跃。安静沉思，眼神流转，低头不语，这些都是很明显的特征。

悲：当人们悲伤的时候，眉毛会倾斜，在面部表现为：眯眼、嘴角下拉、眉毛收紧、下巴收紧微微抬起或扬起。

恐：眉毛上挑、皱在一起则说明这个人在害怕。在极度害怕的时候，人的身体会出现颤抖、面色发白、脸色发青、瞳孔放大的现象，眼睛会睁得很大。

惊：当听到一件事感觉到出乎自己意料的时候，眉毛上扬，同时下颚下垂。嘴巴和嘴唇放松，眼睑微抬。

积极的表情会影响到周围的人，也有助于与人交流，让人愿意与你敞开心扉，负面的情绪也是会传染的，这是一个恶性循环的效应。所以在与人交流沟通中，要控制好你的表情，在明星的课程培训中有一个项目就是练习微笑，微笑久了，心情、环境、周围的人和整个世界都会明朗起来。在遇到语言听不懂的时候，我们怎么传递友好的信息呢？那就是微笑，表情在某种程度上是万能的，别人可能听不懂你的语言，看不懂你的手势，不了解你要表达的意思，但是他肯定能理解你发自内心的微笑是在向他示好。在收到别人歧视的时候我们最常先做出愤怒的表情，然后才开口或者动手反驳。表情可以成为我们表达意思的前锋部队，最先被对方读懂，然后接下来的事情发展就顺理成章。

在我们的字典当中，交流的定义就是内心和内心的信息传递，交流也是信息的一种移植方式，是一种充满爱的智力活动。所以在交流沟通当中，表情很重要，你眯眼、嘴角下拉、眉毛收紧、下巴收紧微微抬起，还要跟人解释："我很高兴，真的"，这就是赤裸裸的伪装。漠然的脸是最让人生厌的，没有人会看到孩子漠然一张脸或者皱着眉头说："我爱你，我的孩子，你做的一切都让我很开心。"当人与人要进行一场温暖的交流的时候，就要用一张舒缓的脸，表情和目光交流也是用来说服别人的一种工具，这两种工具代表了世界上最好的职业人身上最优秀的品质。在西方，这关系到一个人能否赢得总统选举，在2000年总统竞选失败的阿尔·戈尔正是因为这样一张扑克牌脸。

戏说演员的微表情

对于演员来说，演技好不好就在于表现出的微表情是否真实，微表情是一种利器，能够帮助你在小小的屏幕内，让观众一眼看到你。身体上的到位的微表情就是抢镜的重要保障。虽然微表情是在极短的时间内一闪而过，但是如果每一个镜头演员的微表情都很到位的话就在不知不觉当中被观众注意到。演员在进行训练的时候，在镜子前把眼睛的位置用胶带贴上，然后通过表情来表达情绪。出师的时候一定是对自己的脸有着自由的掌控能力。

美国的电影《别对我撒谎》里面说，人都会撒谎，数据表明，每个人平均10分钟就会撒三次谎，心理学家就是靠人的微表情来判断他什么时候撒谎。在人类的脸部，除了特别的例子，一共有43块肌肉，能够做出的表情达1000多种。有些表情是人为控制的，有些表情是下意识做的，反映的都是心理最真实的想法，这就是微表情。在人们做表情之前，或者在某个表情里卖弄，人的脸部就会泄露一些信息，这些信息是可以被读出来的。

演员在表现的时候也是要有一定根据的：下属在听领导讲话的时候，表面上恭恭敬敬的，但是嘴角往外撇，表情微带嘲讽就是表示心里在大骂老板的假仁假义等。如果演员要表现出这样的情况，就要把自己的微表情做到位：嘴角外撇，眼睛焦距变小，等等。如果演员要表现一个人极端害怕，就要身体有一种感觉：血液从四肢流回到腿部，做好逃跑时的准备，手部会变冰凉。我们在看电视的时候，会听到这样的台词。其实观众是感觉不到演员是否手脚冰凉，但是通过她的面部表情和肢体动作，然后用语言描述，这样真实感就体现出来了。有一个有趣的说法是男人的鼻子里面的海绵体会在说谎的时候变痒，所以一般男人说谎的时候都会揉鼻子。

当然演员在表演的时候，不可能把所有的微动作都表现出来，因为那些动作只是下意识做出来的，没有经过大脑的思考。所以演员要给自己拟定一个场景，体会到场景里面的真实感情，把自己融入到表演之中才能有好的表现。演员只需要把表演的那部分做好就行了，即使是融入一个角色也不可能一定按照编剧的要求来做出相应的微表情。况且真正的微表情没有拍出来的那么明显，所以演员的微表情大部分都是假装出来的。心理学家表示，惊讶的表情超过一秒就是假的。就是这个意思。演员有的时候要表现两种情绪的自然过渡，很多电视剧拍出来的感觉都是过渡得很明显。

好的演员能够在两秒之内精准地控制某一只眼睛流出眼泪，这对演员来说比较容易。因为这个时候演员流眼泪不代表他正在伤心，所以有表情的时候不一定说明有情绪。就像有的演员经常做出怒发冲冠的样子，其实心里面特别平静。表情可以通过多年的积累被人们随心所欲地表现出来，这就是为什么越经验丰富、资历老的演员越受观众的喜爱，他们不需要把自己设定在场景之内，只需要回忆自己的经历就可以了。

控制和表演，这个部分完全执行了思维的命令，需要通过"想"来完成行为。然而在开动脑筋之前，还有一个非常短暂的时间，那就是不加思考的时间，身体对刺激源做出相应的反应和变化，包括脸上的肌肉运动，本能和习惯在这个瞬间起着主导作用。我们通常看到演员的表演都是比较流畅的，那就说明这个表情和表演都是事先安排好的，因为人类的真实表情并不是想象中的那么流畅。通过面部窥见心思。

"人在江湖漂，有哭也有笑。"研究表明，人们都会有自己的表情。而一个人的面部表情会影响这个人的长相。人们的心事能够通过面部即可窥知。我们的心情影响面部表情，当然我们的面部表情也会影响心情。举个例子来说明一下："你的鼻子有问题吗？是不是用鼻子呼吸有困难？"

"对呀，我已经感冒一个星期了。"

"那就是说这一个星期你一直在用嘴巴呼吸？"

"是的。"

"这段时间，你是不是觉得自己变得笨了，心理活动也有点儿反常？"

病人点头。

"现在我们先来做个深呼吸，然后闭紧嘴巴，屏住呼吸，你现在还觉得自己是笨蛋吗？"

病人照做。之后一脸惊奇地看着医生："天啊！我终于恢复正常了！"病人因为感冒，长时间地用嘴巴呼吸，就使嘴巴一直张开着，这种面部表情就显得呆滞、笨拙，让人误以为这个人就是这个笨样子。所以别人的反应，也加深了你对自己的误会，就觉得自己很笨。病人以为自己老化了，其实在我们的周围都是这样，我们可以做个实验，让朋友做出嘴巴微张，下巴放松的样子，这样朋友也会觉得自己很笨。

我们在这里讨论的 36 种表情只是告诉大家一个数字，因为人可以做出上千种表情，甚至人们自己都不觉得，也无法用语言去描述。比如说惊讶：

人们的心理过程与面部表情是紧紧联系在一起的，因为心理会控制大脑的神经思维，大脑会控制面部的肌肉群。面部的表情和动作会泄露人的内心真实的想法，但是作为普通人，在日常生活中，除了特殊的情况之外，要快乐轻松地生活，不要让微表情成为你的负担。要记住，我们所做的一切都是为了让生活更美好！人在惊讶的时候，额肌充分地收缩，眉毛上扬，上眼睑体积收缩，就是让眼睛睁很大，就是要再看看清楚，到底是不是这个样子的。嘴巴会不自觉地张开，配合着快速的吸气。

人类在受到刺激的那一瞬间，并不能判断出刺激源是好的还是坏的，会不会有什么危险。所以人们根据自己的经验就是先吸气做好准备，如果刺激源是坏的，就准备着辩解、逃离或者是战斗，如果是正面的，那就可以安然地继续之前的状态。

与惊讶相同，每一种表情在表面上传达一种信息，也表现出人此刻的心理活动。侦探学家就经常根据这个来推断出一整套的内容。

表情和心理活动是息息相关的，大脑的思维在影响着人类的整个行为过程。比如人紧闭嘴唇，这个时候人的三束肌肉在起着作用：口轮匝肌、额肌和降口角肌。三束肌肉在收缩的时候形成了闭嘴唇的表情。如果口轮匝肌增加嘴唇的闭和力度，轻则表示不悦，重则是原来否认的意义更加强烈，形成一种抑制的愤怒状态，这个时候心中一惊不是为难、勉强之类的缘由，而是要加上更大的力量才能够管得住那种进攻的冲动。

人们的面部表情是掺杂着心理活动的，比如一个人要离开自己的妻子，狠狠地说："我不爱她了！"但是眼神是温柔的，那就说明这个人在心里上的活动是："我不想离开她。"所以不能光看表面，要注意到一些微小的动作，这样才能准确判断出这个人的真实情感。

二、七情表现，各有隐情

喜、怒、忧、思、悲、恐、惊，人类生活、交际中必不可少的 7 种表情，它可以是一种信息的传递，也可以是一种情绪的发泄。而随着人际关系的复杂，不管是信息传递还是情绪发泄，其中总有一些不为人知的隐情，深入了解七情表现，有效掌握人性。

喜——欣喜表情的流露

喜悦是人类经常会有的一种心理活动，非常典型的表情就是笑。开心大笑是喜悦的极端表现形式。不过，并不是笑就能代表喜悦，也并不是喜悦就一定会笑出来。尤其是伪装的微笑和喜悦其实是两回事。人类的笑是最复杂的表情，一个笑容包含了脸部很多方面内容的联动。

如果我说笑是很难的一件事情，可能多数人不一定会赞成这个说法，因为每天我们可能都会笑好多次，从来没觉得这是一件难事。但是，你可以尝试一下，在没有任何外来刺激源（没有开心事，也没有让人捧腹的笑话、段子）去笑，而且开心地大笑，如果不是专业的演员，这个动作完成是很有难度的，这个时候你就知道一个笑的动作要有多少肌肉参与运动，之后才能将这个表情做出来。

而且，你在笑的时候，还要进行正常的呼吸，两者还要配合好，而在没有任何外来刺激源的情况下这个是很难配合得天衣无缝的。即便是"大笑"也是装腔作势，是一种生硬的模仿。仔细观察，很容易看出其中的破绽。

王磊是一个很善于交际的人，人缘很好，身边总是有很多的好朋友。而且有一个外国朋友对其非常信任，当身边的朋友问起为什么那位外国朋友对他如此信任时？他总会显得非常自豪。

事情是这样的，一年前公司举行一个晚会，其中就有一位从国外调过来的新员工，汉语说得不是很好。在晚会上，大家玩得都很高兴，不知是谁提议大家玩讲笑话的游戏，于是大家就很快玩了起来，当有同事讲完笑话之后，大家总是会笑得前仰后翻，当然，王磊也是如此。但他偶然发现，新员工老外虽然也在高兴地笑，可笑容却是那么的僵硬。在经过多次观察之后，王磊断定这个老外的笑是一种假笑，而且是跟着同事们一起笑的，其主要原因是他不懂汉语。

接着，王磊主动与老外员工打招呼，并跟着同事讲笑话的节奏翻译同事们的每一个笑话，这时他发现老外的笑容是那么的自然、亲切。对于王磊的帮助，老外同事当然是铭记于心，很快和王磊成了好朋友。

其实有时候我们也会遇到如同老外的情况，在自己还不知道是什么情况，身边的人突然大笑了，这时，为了和其他人保持一致，自己也就装着大笑起来，这就是一种假笑。

开心是人类的一种心理快感，这种快感如果程度一般，在当事人可控的范围内，那么他可能就是微微一笑；如果这个快感的程度较深，就会有比较大的反应，可能是前仰后合的大笑。从生理的角度讲，大笑就像是痛哭一样，会牵动脸上很多的肌肉动作，整个脸部动作变化非常明显，因此，很容易发现对方是真的感到非常高兴还是做假。

进一步从生理的角度对笑容进行分析，可以找到其核心的动作来源。首先，不管是普通的微笑还是开怀的大笑，都与脸部的两组肌肉有很大的关系。

第一组肌肉是颧大肌。这组肌肉被看做是笑容的专用肌肉。这组肌肉在笑容中占有主导地位，作用是将嘴角两侧的肌肉向两边拉伸，并向上提，构成了笑容的全部形态。虽然人在笑的时候会有很多肌肉参与，但都是配角，而颧大肌才是真正的主角。

第二组肌肉就是眼轮匝肌。这组肌肉不像是颧大肌那样只负责笑的动作，很多表情它都会参与，而且会起到很重要的表演作用。比如人在内心感到强烈厌恶的时候，人眼的上下眼睑会同时挤压并且绷紧，这组肌肉就会很重要；再比如人在愤怒的时候，下眼睑就会绷紧，拉直，这组肌肉也会参与。当然，在笑容里，眼轮匝肌的运动必不可少。人在受到外界强烈喜悦刺激的时候，眼轮匝肌会有剧烈的收缩运动。这个动作是我们无法回避和伪装的。由于它比较明显和剧烈的变化，人在大笑的时候，下眼睑部分会有明显的凸出，变短，并向上走且盖住自己的虹膜下半部分。同时，由于大笑时上下眼睑会有明显的挤压行为，这时眼角就会出现很明显的鱼尾纹，脸颊会整个隆起，并有大幅度的提升，人的脸颊和下眼睑部分会形成一道道只有大笑时才会有的纹路。

人在真正开心时，有一个很细微的不能进行修饰的动作，就是眼睛闭合的情况绝大多数是从下往上的，下眼睑绷紧，并且向上进行闭合，这是很独特的一种眼睑动作，这种动作只出现在大笑时，其他情况下的闭合均不是这样的动作形态,所以它可以看做检验一个人是不是真正开心大笑的一个科学的依据和标准。在很多的眼睑运动中,基本上是上眼睑部分在起主动作用,下眼睑只是配合而已。注意观察,你会发现,一般情况下的眼睛闭合,都是上眼睑垂下来,整个眼睑线呈现的是向下弯曲的弧线。

眼睛不管是在微笑还是在大笑时,我们都可以通过眼睛的动作,判断对方笑的动作是不是真的由于内心的愉悦还是伪装。比如,有的人在笑的时候,只是将嘴角翘起,这是很常见的一种礼仪性微笑,并不是真的见到你很开心的笑容。

一般来讲,不管是在什么情绪中,只要人愿意,都可以挤出一抹笑容来,不过,如果心情并不是非常好,又想眯起眼睛装作微笑,那么这个难度就很大了,不是一般人能做到的,可能比刻意地去哭难度还要大。

怒——难以抑制的情绪冲动

愤怒的表情如果很明显地展现在我们面前,你就会感觉到不适,想离开,因为如果愤怒的表情很夸张,动作很大,这样的动作表明,当事人此时内心的情绪波动很大,甚至是非常不理智的状态,可能会有过激的行为等。

愤怒是最容易被伪装的一种表情,有时,我们为了特定的需要,就会假装出很生气的样子,来表达自己的反对、不满,而且是经过我们的大脑深度加工的。这样的愤怒,对方一般不会轻易发现其中的奥妙。

虽然愤怒通常都是表达一种不满，但每种表情的区别还是比较大的。而且不同的愤怒表情给对方产生的心理反应是不一样的，恐惧感程度也有所不同。通常面对对方的愤怒时，会有一种想离开的欲望，这其实就是逃离反应。人在愤怒的时候，会有歇斯底里的爆发，或者是一种非常严厉的审视和逼问形态。不管是哪一种形式，都有一个特性：进攻性！这也是为什么对方会产生逃离反应的根本原因。

愤怒的表情虽然丰富，但还是可以归结为几种不同的表现，比如露出牙齿，声音提高，甚至到了怒吼的地步，双唇紧闭，目光直视对方，表现出很明显的凶狠劲，犀利，强悍，无礼。

分析愤怒的表情，刚开始是一种最饱满的状态，然后依次递减，进而就会显得缓和。愤怒时人的进攻性非常明显，对于进攻而言，没有人想拖很长时间，本能的反应是在最短的时间内达到这个效果，尽管不一定能奏效，却无法不这样。愤怒来得很快，可能前一秒钟还很平静，但后一秒钟就爆发了，像一头狮子一样横冲直撞（指表情并非肢体动作）。而且消失得也容易。经过这个爆发后，这种情绪就会慢慢地衰退，进而缓和。

所以，如果遇到别人正在发怒的时候，不妨等等，在他情绪稍微缓和的时候再与其进行沟通，这样才能达到比较好的效果，如果是硬碰硬，非但起不到任何作用，反而会给自己带来很多麻烦，甚至是陷于僵局。

李霞是某汽车4S店的一名汽车销售顾问，刚从事销售行业仅有两个月的时间，所以经验相对比较薄弱。

这天，李霞正在办公室回访客户，前台通知有一位客户来到店里找李霞，李霞以为是回访有效，是前来购买汽车的客户。可是见了面才知道是前段时间刚从自己这里买完车的客户。

见面后，这位客户很严肃地说："你给我买的车上怎么没有灭火器啊？我问了很多同事的车上都有，你可别说你的车上没有灭火器！"

这事是李霞第一次碰到，根据对车的了解，她说："你弄错了，我们这个车上的标准配置还真没有灭火器，如果您需要灭火器，需要自己买一个。"虽然李霞说这话的时候是微笑的，可客户这时的表情有了很大的变化，只见他双唇紧闭，眼睛放大，生气地说："什么，我几十万买了一个车，居然没有灭火器，你们这是什么公司啊……"

前台的员工看到客户生气了，急忙上来劝阻，并将李霞拉到了一边，告诉李霞，过一会儿再与客户心平气和地沟通。

一段时间后，客户的怒气消了很多，李霞上前微笑着拿出相关数据……

愤怒是递减的，我们分析它的时候也不妨从这种角度来展开，从下往上看。首先是嘴唇。人在极端愤怒的时候，双唇是紧闭的，我们从来都不会看见哪个人在极端愤怒的时候，大张着嘴说不出来话的，除非是咆哮的时候，否则一定是双唇紧闭。嘴唇这时候的形态取决于三块肌肉：口轮匝肌、降口角肌和颏肌。这三块肌肉的作用是一样的，那就是人在极度愤怒的时候让自己的嘴唇紧闭，一时间不能说话。

人在表达否定意义的时候会有撇嘴的动作，这是降口角肌和颏肌共同作用的结果，它们一起收缩，而口轮匝肌则保持自己的松弛状态。如果这个时候口轮匝肌也参与到这个收缩动作中来，那就表示已经不单单是否定了，开始感到一定程度的不悦，并且对之前的否定意义开始加强，这个时候心里的愤怒已经在酝酿，只是没有爆发而已，之前可能会因为感到为难，勉强等会有所保留，情绪不会有大的反应，但是如果这个时候再有额外的刺激进来，很容易就会让这个人发火，从而发生暴怒的举动。

在日常的生活中，我们见到的愤怒不光光是闭着嘴不说话，还有咆哮的时候。闭嘴不言是一时间的事情，很短暂的一个动作，这时是不受意志支配的，不过，很快人的理智就会得到一定程度的苏醒，进而转变为咆哮，吼叫，如果愤怒的情绪非常大，不但有声音上的提高，还会伴随着肢体动作。这个动作不管是不是真的有伤害别人的实际结果，但都具有相当程度的进攻性。这个原因并不是他想这样做，因为人愤怒的时候会积累多余的能量，如果不将能量释放出来，人就会觉得很难受，所以就会找到一些途径将这些能量释放。

在实际生活中，有两种情况会让一个人在愤怒的时候很容易咆哮，并伴随肢体动作，一个是和自己的亲人，另一个就是敌对关系明显的人。如果是普通的社会交往关系，即便是很恼火，一般也不会有太多的表现，充其量也就是闭着嘴不说话，不过千万不要认为他是好欺负的，之所以这样是源于对社交礼仪的尊重，如果再有更进一步的刺激，很快这个动作就会演变为"狂风暴雨"，袭击你也不是没有可能。

忧——眉头紧锁的抑郁

我们这里的"忧"指的是忧虑，不是忧伤。一个人在担心的时候面部表情会很清楚地在我们面前展开，不过这个心理反应在经过很长时间的社会磨炼后，会有很大程度的伪装。而且这个伪装并不总是能被我们发现。

眉头紧锁是观察一个人是不是处于深度忧虑的一种最明显的证明。当我们处于深度忧虑不安的时候，眉毛会在不知不觉中拧成一团，这是我们的本能反应，自己是无意识的。但这个现象并不总是存在的，不同的人眉毛的表现并不总是一致。有的人在短时间内会拧成一团，但是很快就会舒展开来，而这并不是绝对地说他已经想到了解决的办法，或者是找到让自己安慰的途径，而是经过短暂的焦虑之后，理智这个时候占据了上风，已经不再是深度的恐惧不安和焦躁。他已经意识到问题已经发生了，最重要的是怎么解决、面对，如果不能面对，那么就只能接受，即便是看起来再不能接受，也没有办法。

引起忧虑的刺激源及忧虑程度与当事人之间有很大的关系，这类因为某事眉头不展的人，他们内心的担忧程度往往会更深。眉头一拧即展的人一般都很理智，平日里很少会有感情用事的时候，除非是让自己非常震撼的刺激，否则你绝不会看见他们的一惊一乍。这类人很喜欢思考问题，并致力于找到答案。这是一种习惯，有时候可能看起来和一般人有点儿格格不入，不过这也恰恰是他们的长项所在。一旦遇到紧急情况，他们往往是第一个反应过来的人。思路清晰，有条不紊。

在单位里，这类人一般是独当一面的业务好手。在感情方面，他们似乎也很理智，看起来多少有点儿不近人情。所以，和他们谈情说爱，如果想有过多的浪漫，或者是情调，很难实现，但他们是可靠的人选，踏实而有主见，绝不会因为别人的三言两语就随意改变自己的看法。

另一种人就是经常性的眉头紧锁，很难舒展。如果你见到这样的人，他们的眉头一直处于拧紧的状态，这说明他的生活里很可能是碰到了长期需要解决但又无法解决的问题。这种情况使他困扰了很久。这种人一般很细心，凡事认真，原则性强，不会轻易妥协，但也不知道该怎么妥协，犹犹豫豫，举棋不定是他们最大的性格缺陷。"不一定……不一定……"这几个字你能经常从他们哪里听到，对什么都不会抱有一定的看法，一切事物、观点都是不可知论。如果是因为一件事，在短期内找不到解决的办法，他们会寝食难安，有时并不是这件事本身有多重要，意义多么不凡，而是他们过不了自己这关。总是喜欢给自己找很多的心理压力因素，总是在不断地给自己施压，在外人看来简直就是难以理解，但是在他们的眼里，这是再正常不过的事情。

在碰到自己担心、忧虑的问题时，有的人并不总是表现出很担心的表情来，他们会故作轻松。这个轻松的姿态表明的是自己想要展示出来的给别人看的一种态度，并不是自己内心真实的想法。有个拳手，他在自己的打拳生涯中很少失利，一般都是全胜而归。他有个女朋友，对他的能力、本事非常崇拜，认为只要是自己男朋友上台了，就一定能取得胜利。

有一次这名拳手要参加一个国际性的比赛，对手是国外一个非常厉害的人，同样，在擂台上，他从来没有失败过。临近比赛时，朋友们对这个拳手都很担心，一方面是担心不能取胜，另一方面也是担心万一在台上出现意外。

当朋友们在讨论这个问题的时候，拳手的女朋友也在旁边，她一脸的无所谓，并且对自己的朋友们说："他从来没有失败过，这次也不会例外，更不会出现意外，我绝对相信他！"

其实说这番话的时候，朋友们看见她的双眼抑郁，两目无光，眼神暗淡，没有一点儿非常有信心的样子，虽然表面上看起来的确是很轻松，但是仔细观察，一些细节性的表情还是被朋友们捕捉到了。拳手的女友，她在心里承受巨大压力，非常忧虑，担心的情况下，并不是眉头紧锁，直接地表达她的不安，而是想给自己一份安慰，这恰恰是忧虑的另外一种表现，就是故作轻松。目的是为了缓解自己内心的极度不安，需要一点儿刺激来让这种不安得到最大限度的释放。

通常情况下，只要是故作轻松，他就会为自己的轻松找理由，而且能说出一大堆的理由，来证明自己的话的确是真的。其实并不是为了说服别人，而是为了说服自己相信自己。

思——眼神流转低头不语

有一座著名的雕塑叫作《思考者》，这个雕塑的外形是一个人坐在那里用手托着下巴，做思考状。即便是不知道这个雕塑名称的人，看见了这个作品，基本也会知道这个"人"在做什么。"他在思考"是的，没错，他在思考。

我们来想一个看似很幼稚的问题，为什么不知道名称的人也能知道他是在干什么呢？因为我们有社会经验，通过我们自己积累的社会经验来判断、分析而得到了这个答案。

一个人在思考的时候，往往是一副安静的状态，害怕被别人打扰，想独自一个人静一会儿。电视剧里，我们经常能听到这样的台词"你不要来烦我了，我想一个人静一下，好好想想……"这个"好好想想"说的就是好好思考一下。人在思考的时候总是希望能有一个安静的环境，因为这样才能集中自己的精力，将自己没有弄明白的事情的来龙去脉搞清楚。即使是很多人在，如果是在思考，自己也会力图安静。

我们在判断一个人是不是在说谎话的时候，很容易会从对方的眼神中看到一些信号，比如有的人觉得说眼神飘忽不定，对方就一定是在撒谎。其实，我们并不能根据这个动作下类似的结论。眼神飘忽不定还有可能是在思考答案、想问题。我们首先来分析这个问题。有的人在说谎前，为了证明自己的话是真实的，或者是想看看自己的谎话到底对方是不是已经看破，所以就会眼珠不转地盯着对方看，一则是表明自己的诚恳态度,心里没鬼,二则是想得到一种撒谎的快感。而这种动作多数情况下会被认为是真实可靠的。其实恰好相反,他正在撒谎。

对于思考,每一种表情都代表他在思考的过程中所经历的每一个过程,大脑工作,在脸上会有直观的体现,而不是像电视剧里演出的那样,一直是一副非常凝重的样子。所以我们不能单单从眼神是不是转动、飘忽来判定对方是不是在说谎话,这是没有根据的。

如果我们仔细观察一个人在深度思考时的状态,你就会发现,他的眼神是在不断变动的,不是一动不动地盯着一个地方看个没完。同时,通常情况下是不说话的,这个很好理解,一旦开口讲话,就会打扰自己的思路,不但是自己不会讲话,一般也不大欢迎别人在自己面前唠唠叨叨地说个不停。就像是学生参加高考,不但考场内不能有人喧哗,就连考场周围地区的汽车也不能鸣笛。这样做就是为了给学子们一个良好的思考环境。

思考是促进人类进步的主要因素,思考让人从动物逐渐进化,学会用火,学会制造工具并使用工具,学着运用更加复杂的语言,如此等等。是思考成就了人类的今天,也是思考让人类在未来的道路上得到更大的进步。

思考本身是一件严肃的事,通常,娱乐和思考是对立的,就像有些娱乐电视节目,这些内容是经过节目组的人深思熟虑之后的结果。这一点在日常生活中经常见到,如果一伙朋友去 KTV 唱歌,目的是去娱乐,放松,这个时候如果有人在别人唱歌的过程中一直不唱,而且从进来以后就不说话,一直低头不语,这时就会有人上来问,怎么了,是不是有什么心事啊,这就是最好的生活例子,思考总是不能和娱乐走在一起。你看那些唱的正 High 的人,他们不可能停留在思考状态的。

一个人在安静的时候,思维才能更为积极、更为活跃。思考的人安静,眼神流转,低头不语,这些都是很明显的特征。除此之外,通常思考的人脸上的表情能够体现其心理。不管是什么形式的思考，思考者总是在就某一个问题前思后想，左量右测，脸上的表情不会保持一个"姿势"不变，而是不断变动的，时而凝重，时而放松；时而紧张，时而释然。

悲——拉下嘴角的忧伤

悲伤是人一生中最想避免但总也不能避免的负面情绪。一个人在悲伤的过程中才能体会到人生的种种无奈，慢慢地在悲伤中学会坚强，学会处世，学会做人。从某种程度来讲，是悲伤教会了我们怎么做人，怎么走向成功，怎么处世，怎么做一个合格的社会人等。这就像是一个个历练，经过了这些历练，人才能不断地前进，不断地向更高更远的地方行进。

能引起我们悲伤的事情有很多。一言难以蔽之，通常是不好的事情发生在自己的身上而引起的，比如亲人的逝去、工作的丢失、朋友的遗弃，如此等等。首先我们来分析一下还没有太多社会意识的孩子，看看他们为什么会伤心，以至于哭泣。李慧家的女儿今年已经两岁了，可是小家伙非常爱吃糖果。李慧知道，小孩子吃的糖果多了对牙齿不好，所以每天只允许女儿吃两颗糖。而且这些糖果李慧为了防止孩子偷吃，从来不放在家里，而是放在单位办公桌的抽屉里，每天回家给女儿拿两颗。

这天，李慧回来的时候忘给女儿带糖，翻开包包，发现只有一颗了，于是就给了女儿，而女儿看到只有一颗糖，说什么也不愿意，一会儿就哭了起来。通常对于两岁左右的孩子来说，他们之所以会哭，是因为他们觉得已经没有能力改变既成的事实了。案例中对于孩子来说他们的内心还没有得到满足，这个结果是他们不愿意看见的，同时也是没有办法改变的。当他们得到了这样的信号后，就会悲伤痛哭。

总体来讲，痛哭的表情是非常复杂的一系列动作，不是随便就能伪装出来的，刻意的做作是很难达到真正的痛苦状态的。所以从孩子的悲伤原因中，我们可以发现，那些导致我们伤心的理由都是不好的、负面的，但是我们却无能为力，只能听之任之。哭是悲伤的一种饱满的表现形式，也叫作悲伤的极端表现形式。

婴儿的痛哭是经常发生的事情，一般只要他哭了，父母就会很快跑到他跟前，仔细检查一番，看看是不是有什么不妥的地方，他哪里不舒服了，是不是衣服穿紧了还是饿了。这是婴儿自我保护的一种方式。当他们受到来自外界负面信息刺激后就会通过哭来表达这种意思（当然他们也没有别的办法），目的就是引起大人的注意。

所以，哭作为悲伤的一种极端表现形式，主要的功能并不在于表示自己内心的悲伤，而是为了缓解因为悲伤而带来的心理负面阴影。有时候我们碰到一些压抑或者难过的事情，有时会在心理暗示，"不行就哭一场"，原因就在这里。它能在一定程度上缓解这种悲伤带来的极端压抑和焦虑。能让人的心理负担得到释放，负面的能量不会越积越多。

人在痛哭的时候，不管是婴儿幼儿还是成年人，脸上的表情变化，肌肉动作都是一样的，并不会因为年龄的差别有所不同。而心里的悲伤情绪可以激发出一种能量，调动人的眼部和嘴部的肌肉参与运动，从而做出痛哭的动作，完成痛哭的表情。

首先是眼轮匝肌以及皱眉肌一起运动，这两组肌肉一起收缩，眉头紧皱的表情就出现了，眉头之间出现竖列的皱纹。同时，额头肌肉也会有所运动的，它的方向是往上，这就拉动了眉头也往上走，所以人在痛哭的时候，眉毛的整体趋势是平的。但眉毛本身是扭曲的。这就是说，从整体来看，眉毛是处于水平的趋势。这种扭曲的眉毛并不单单出现在悲伤的情绪中，恐惧的时候，人的眉毛也是扭曲的。所不同的是，人在悲伤痛哭的时候，扭曲的程度更大。

眼轮匝肌出现收缩，眼睑闭合，这就是我们看见别人在痛哭的时候很少有睁大眼睛在哪儿哭的原因。睁着眼睛瞎号就是假的，装腔作势的哭，而不是真正源自内心的痛哭。由于眼轮匝肌的收缩，眼角部分就会出现皱纹，这时即便是再年轻的人，在眼角也会有很明显的鱼尾纹出现。不但是眼轮匝肌，人的眉骨在痛哭的时候也会收缩，人哭得越厉害，眼球收缩得就越紧，这时候就是真正的昏天黑地的痛哭了。

痛哭是上唇往上提，整个脸颊看起来也是往上皱，脸颊隆起，这时的脸颊和下眼睑互相挤压，眼睑下方就会有一个很明显的凹陷区。鼻翼两侧有很明显的鼻唇沟。

颈肌和降口肌也同时收缩，同时颏肌也会收缩，结果是下巴的表面上看起来凹凸不平，有很多肌肉隆起，嘴唇裂开，露出牙齿。

恐——圆睁双眼的惊恐

几乎每一个人曾经都遭遇过恐惧，尤其是成年人，随着年龄的增长，经历过很多事情，明白了很多道理后，恐惧就会逐渐减少，因为我们对众多的事情会有很理智的判断，不会轻易发生恐惧的表情。同时恐惧也具有害怕的意思，所以就更加不会表现自己恐惧的一面。

事实上，真正的极端恐惧或者说是饱满的恐惧表情也的确是不太容易出现的，因为这样的恐惧表情只有在面临生死考验的时候才会很明显地表现出来，而这些场面多数人一生中都不会遇到，只有在电视、新闻里看到、读到。

人在面对极端恐惧时典型的表现是：睁大眼睛、眉毛上扬并聚拢在一起、张大嘴巴。这三种比较明显的恐惧表情，有的人可能会将它们和愤怒混淆。因为这两种表情的相似度很高，简单地都可以概括为：皱眉、张大嘴、睁大眼睛。不过，如果经过仔细的观察，专业的区分，这两者之间是有很大区别的。

恐惧和愤怒的表情有很多相似之处，对这一表情进行判断时，需要综合参考其他因素，如表情发出前的刺激源，这样才能够做出正确的判断。首先是眉毛。从眉毛来看，两种表情的眉毛动作都是紧紧皱在一起，并且往下压，很凝重。不过，我们再仔细看看这两种表情的具体表现，就会发现，人在恐惧的时候，眉毛的眉头是往上扬的，而在愤怒的表情中，眉头紧紧地往中间、往下方收紧。关于这两种区别，有一种说法，那就是"8:20状"眉形和"10:10状"眉形的区别。不但如此，人在恐惧时，眉头往上皱起，在额头的中部形成比较明显的"U"形细纹，这种纹路在东方人的脸上表现得并不是非常显著，但在西方人那里，这种细纹会更加深重而明显。

其次就是眼睑的动作。两种表情的眼睑动作都是尽力往上提升。这是因为人类一旦遇到具有威胁性的负面信息后，不管这个时候他内心的感受是要起来战斗、愤怒，还是无助地尽力逃跑，这时候他第一件事，也是下意识想要做的事就是要看清楚刺激源，看它到底是怎么一回事。不过，两种心情导致的眼睑用力方向是不一样的，所以上眼睑部分形成皮肤的褶皱是不一样的。在年轻人的脸上，有时候我们看不到非常清晰的眉头上扬的动作，他们的眉毛是水平状。不过我们仍然可以通过这一层的眼睑皮肤留下来的褶皱判断它到底是不是存在眉头上扬的动作姿态。

第三是嘴型的动作。两种表情下，都是张大嘴，如果不细分，可能就很难分辨哪一种是恐惧，哪一种是愤怒。在两种反应都很极端的时候，人都有张大嘴进行呼喊的本能，这就是我们在恐怖电影中经常能听见一个尖利女声划过我们的耳朵的原因。电影这么做无非就是为了增加真实感。

而要想知道两者之间嘴型的区别，需要从嘴张开后的高度和宽度进行区分。在真实的恐惧中，人类是没有办法发出很尖锐的具有相当威胁性的声音的，所以恐怖电影中的那一声尖利的女人声音虽然能增加电影本身的真实感，但也只是一种感受，真实的情况是，如果你碰到了前所未有的恐惧时，是不可能发出任何声音的，如果有也不会那么大声。而人在愤怒的时候，很容易就会发出歇斯底里的吼叫，用来表达自己的不满、抗议和威胁。

所以，虽然从表面上看，恐惧的表情和愤怒时的表情有很大的相似度，但两者之间还是存在一些差别，这种差别就会导致两种表情表达的意义完全不一致。这种细致的区分也正是我们研究微表情的一个方式。通过仔细的观察，细心的辨别，从而得出最真实的回应和信息，帮助我们对他人的内心做出更加准确的判断，如果我们在观察这个环节上出错的话，那么就有可能得到真实的反应，做出错误的结论。有一点需要注意，那就是当人类面对极度的恐惧时会伴随深呼吸这个动作，这种配合也是判断一个人的真实情绪重要的方面。

前面讲过，在恐怖电影中，经常会用到尖叫声来增强这种恐怖的效果，其实这和真实的恐惧并不一致，如果留意观察你会发现，那些发出尖叫声的女性她们在声音发出前通常会闭上眼睛，然后尖叫。这个动作和我们面对恐惧时的心理是不符合的。我们在面对恐惧时，之所以会感到害怕是源于不知道结果会是什么样的，也就是说内心既充满了紧张，又有一定程度的好奇、期待等，所以这时人的眼睛是不可能闭上的，而是眯着眼。眯起眼睛是因为我们想看看究竟，想知道自己后面的结果到底是什么样的，好的还是坏的，这是一瞬间的一个动作。因此，在这里我们可以对一种新的表情进行解析——眯起眼睛尖叫。通常人们会认为这是一种恐惧的表情，这是不全面的，其实这是悲伤的一种延伸，并不是真正的恐惧。

惊——转瞬即逝的微表情

所谓的"惊"就是吃惊、惊讶。从这个表情反映的内在情绪来看，它与恐惧的表情又有很多相似之处，所以很多人会把它和恐惧混为一谈，认为两者是一回事，其实并无多大关联。恐惧是害怕，有逃离的本能心理，但是吃惊不一样，这是一种意外，完全和自己的日常经验，或者是常见情况相反。突然有类似的刺激发生在身上，一时间很难完全接受，但并没有害怕的感受。

举一个生活中最常见的例子，王乾已经是两个孩子的父亲了，大儿子12岁，现在上初一，小女儿10岁，上小学五年级，在同龄人孩子当中，他的两个孩子算是佼佼者，不但学习好，各方面的素质也非常不错，这让他很是骄傲。

251

一天，王乾晚上看新闻，突然听到主持人说某省某市某镇的一个孩子12岁就上了大学，听到这一消息后，王乾的眼睑慢慢地放大，眉毛慢慢地往上提，随着主持人的进一步解说，王乾的这种表情慢慢地回复了……

案例中王乾的这一表情就是真正意义上的惊讶，首先对于上学来说这是很常见的日常事件，而对于12岁的孩子上大学来说，这就是常见中的不常见，这个刺激完全超越了他的日常经验，并不经常见到，所以，引起了其惊讶的表情。

惊讶和惊恐两者之间也并不是泾渭分明的关系。有些惊恐产生于惊讶之后，可以看做是惊讶的一个后续的微表情。人在惊讶的时候，眉毛会很自然地往上提，两条眉毛一起往上走，明显高于平时，但是惊恐时，人的眉毛紧缩在一起，而且往下走，两条眉毛有可能拧成一个疙瘩。惊讶本身是没有任何好坏感觉的，但是惊恐不同，它是对负面信息的一种表情处理，虽然人在惊恐的最初阶段，也并不能对刺激源时好时坏进行理智的判断，但由于人的本能就可以觉察出不好的一面。惊讶是对信息、对刺激源的一种条件反射，非常快。惊讶的表情最短在人的脸上停留的时间是1/4秒，最长也不会多于两秒钟，如果超过这个时间，基本上就可以断定是伪装出来的，而不是发自内心的一种惊讶的表情。

惊讶时，人的眼睑会很自然地向上，并且在一定范围内睁到最大，但是惊恐不一样，人在恐惧的时候，眼睑也会放大，不过这种放大是非自然，并不是像惊讶那样条件反射式地自然放大，此外恐惧时睁大眼睑能在很短暂的一瞬间达到最大值。关于眼睛睁大时的恐惧表情，经常看恐怖电影的人最有经验了，一般不少的这类电影都会有一个眼睛的特写。这个特写不会是无缘无故的。人在恐惧的时候，神经是极为敏感的，同时，恐惧的时候，虽然心理上有不好的预兆，但对刺激源到底是好还是坏,并没有得到十分确切的答案。这个时候出于本能,就想看看具体的情况,到底是怎么一回事,虽然很害怕,但是这个心理是不自觉发生的。并不因为人内心一时的害怕而改变。

人处于惊讶的过程中,额头的肌肉大幅度收缩,眉毛的提升幅度也很大,如果年龄稍长,这时候额头就会有很明显的平衡皱纹,年龄小一点儿的人可能就没有皱纹。眼睛里虹膜上部的眼白部分会露出来。因为这种状态下,人的上睑提肌开始收缩,额肌也在同一时间内收缩,两组肌肉同时发力,使得上眼睑有大幅度的提升,瞳孔放大。嘴巴张开,并且深吸一口气,下嘴唇向下微微张开,这是下巴带动的结果。嘴唇表面的动作不会有过度的发紧的表现,也不会因为惊讶而向两方拉伸。

人在吃惊时,不单单是面部表情有明显变化,身体其他部位也在配合这个动作,身体的明显特征就是没有任何动作,全身静止不动,表现为一时间的凝结。包括身体和面部表情的变化在一起,整个过程从开始到结束,一般不会超过一秒,最长的也不过两秒,这已经是非常特殊的情况了。

我们在现实的生活中,如果听到身边的人有什么很让人吃惊的事情时,一般这个动作的持续时间不会低于五秒,比如可能会用手捂住嘴,这个动作表明他已经不再惊讶了。之所以还要做出这个动作来,完全是做给对方看的,对方希望通过一个什么样的消息,得到你什么样的反应,你就会给他一个什么样的反应,这是社会交往的一个基本法则,并不牵涉过多的虚伪,做作等问题。

吃惊是人类的一种非常独特的面部表情,尽管有些动物学家也已经表明有些动物,比如猩猩也有吃惊的表情,但和人相比都显得过于简单而模式化,人类的吃惊表现在脸上是非常复杂的一系列的肌肉动作的连接,这个是很难伪装的,而且发生的持续时间不过短短的 1/4 秒。

参考文献

［1］邓明．侧写师：用犯罪心理学破解微表情密码［M］．北京：
化学工业出版社，2011．

［2］姜振宇．微表情：如何识别他人脸面真假［M］．南京：江苏
凤凰出版社，2011．

［3］李海峰．做人要有心机，做事要有心计大全集［M］．北京：
中国商业出版社，2011．

［4］徐谦．微表情心理学［M］．北京：北京理工大学出版
社，2012．

［5］郭志亮．微表情识谎术［M］．北京：台海出版社，2012．

［6］霍晨昕．FBI教你10秒钟读懂面部微表情［M］．上海：上海
科学普及出版社，2012．

［7］琇樱．微表情读心术全集［M］．北京：新世界出版社，2012．

［8］胡慎之．别对我说谎：微表情读心术［M］．南京：江苏文艺
出版社，2012．

［9］孙科炎，李国旗．微行为［M］．北京：机械工业出版
社，2012．